Stabschrecken Gespenstschrecken Wandelnde Blätter

Erfolgreiche Haltung von Phasmiden

Alexander Esch

Terrarien NTV Bibliothek

Natur und Tier - Verlag

Inhaltsverzeichnis

Vorwort 4
Einleitung 5
Systematik 6
Körperbau 8
Fortpflanzung und Entwicklung 14
Abwehrverhalten 22
Verbreitung 27
Haltung im Terrarium 29
Nahrung 33
Inkubation der Eier 37
Das Terrarium und seine Einrichtung 39
Vergesellschaftung 43
Artporträts 45
    Acanthomenexenus polyacanthus (DOHRN, 1910) – Vieldornschrecke 45
    Achrioptera fallax COQUEREL, 1861 – Türkisblaue (Riesen-)Stabschecke 47
    Anisomorpha paromalus WESTWOOD, 1859 – Zweistreifen-Stabschrecke 49
    Aretaon asperrimus (REDTENBACHER, 1906) – Kleine Dornschrecke 51
    Asceles sp. „Ban Salok" 52
    Bacillus rossius (ROSSI, 1790) – Mittelmeerstabschrecke 53
    Brasidas samarensis REHN & REHN, 1939 – Samar-Gespenstschrecke 54
    Carausius morosus (SINETY, 1901) – Indische Stabschrecke 55
    Clonaria conformans (BRUNNER V. WATTENWYL, 1907) 56
    Diapherodes gigantea (GMELIN, 1788) – Wandelnde Bohne 57
    Epidares nolimetangere (DE HAAN, 1842) – Borneo-Dornschrecke, Rühr-mich-nicht-an .. 58
    Eurycantha calcarata (LUCAS, 1869) – Dorngespenst- oder Panzerschrecke 60
    Eurycnema goliath (GRAY, 1834) – Australische Riesenstabschrecke 63
    Extatosoma tiaratum (MACLEAY, 1827) – Australische Gespenstschrecke 64
    Die Gattung *Haaniella* KIRBY, 1904 66
    Hemiplasta falcata REDTENBACHER, 1908 69
    Heteropteryx dilatata (PARKINSON, 1798) – Riesengespenstschrecke, Dschungelnymphe 72
    Hoploclonia gecko (WESTWOOD, 1859) 73
    Hypocyrtus vittatus (WESTWOOD, 1859) 74
    Lamponius guerini (SAUSSURE, 1868) – Guadeloupe-Stabschrecke 76
    Lobolibethra sp. „Lima" 77
    Lonchodiodes samarensis (CONLE & HENNEMANN, 2007) – Knick-Stabschrecke 78
    Mearnsiana bullosa (REHN & REHN, 1939) – Bunte Dornschrecke 78
    Medauroidea extradentata (BRUNNER V. WATTENWYL, 1907) – Annam-Stabschrecke 81
    Myronides sp. „Peleng" – Türkise Stabschrecke 82
    Necroscia annulipes (GRAY, 1835) 83
    Neohirasea maerens (BRUNNER V. WATTENWYL, 1907) – Teppichschrecke 85
    Neophasma subapterum REDTENBACHER, 1908 87
    Oreophoetes peruana (SAUSSURE, 1868) – Peruanische Farn-Stabschrecke 89
    Paramenexenus laetus (KIRBY, 1904) – Grüne Stabschrecke 91
    Parapachymorpha zomproi FRITZSCHE & GITSAGA, 2000 – Zompros Stabschrecke 93
    Periphetes forcipatus (BATES, 1865) 94

Peruphasma schultei CONLE & HENNEMANN, 2005 – Schwarze Pfefferschrecke, Rotgeflügelte Samtschrecke oder Peru-Stabschrecke 95
Phaenopharos khaoyaiensis ZOMPRO, 2000 – Rotgeflügelte Stabschrecke 97
Die Gattung *Phenacephorus* BRUNNER V. WATTENWYL, 1907 98
Phenacephorus cornucervi BRUNNER V. WATTENWYL, 1907 – Moos-Schrecke 98
Phenacephorus latifemur LORENZO, 2007 – Breitschenkel-Stabschrecke 99
Die Gattung *Phyllium* ILLIGER, 1798 100
Phyllium bioculatum GRAY, 1832 – Javanisches Wandelndes Blatt 102
Phyllium westwoodii WOOD-MASON, 1875 – Westwoods Wandelndes Blatt 103
Phyllium giganteum HAUSLEITHNER, 1984 – Großes Wandelndes Blatt 104
Phyllium philippinicum HENNEMANN, CONLE, GOTTARDO & BRESSEEL, 2009 – Philippinisches Wandelndes Blatt 105
Pseudophasma acanthonotus (REDTENBACHER, 1906) – Venezuela-Stabschrecke 107
Ramulus artemis (WESTWOOD, 1859) – Grüne Vietnam-Stabschrecke 108
Rhaphiderus spiniger (LUCAS, 1862) – Rhododendron-Schrecke 109
Die Gattung *Sipyloidea* BRUNNER V. WATTENWYL, 1893 110
Sipyloidea larryi BROCK & HASENPUSCH, 2007 – Hurrikan-Larry-Stabschrecke 110
Sipyloidea meneptolemus (WESTWOOD, 1859) – Grünbein-Stabschrecke 112
Sipyloidea sipylus (WESTWOOD, 1859) – Rosageflügelte Stabschrecke 112
Spinohirasea bengalensis (BRUNNER V. WATTENWYL, 1907) – Igelschrecke 114
Sungaya inexpectata ZOMPRO, 1996 – Unerwartete Stabschrecke 116
Tirachoidea biceps (REDTENBACHER, 1908) – Riesenstabschrecke 118
Die Gattung *Trachyaretaon* REHN & REHN, 1939 119
Trachyaretaon carmelae LIT & EUSEBIO, 2005 – Große Dornschrecke 119
Trachyaretaon sp. „Negros" – Negros-Stabschrecke 121
Dank 122
Weitere Informationen 122
Verwendete und weiterführende Literatur 123
Verzeichnis deutscher und wissenschaftlicher Namen 125

Bildnachweis
Titelbild: Das Wandelnde Blatt *Phyllium siccifolium* Foto: B. Trapp
Hintergrund: Futterpflanzen aus dem heimischen Garten Foto: K. Kunz
Rückseite (von oben nach unten): Nymphe von *Clonopsis gallica* aus Frankreich Foto: A. Esch; Braun gefärbtes Weibchen von *Phyllium westwoodii* Foto: A. Esch; Männchen von *Achrioptera fallax* Foto: A. Esch

Die in diesem Buch enthaltenen Angaben, Ergebnisse, Dosierungsanleitungen etc. wurden vom Autor nach bestem Wissen erstellt und sorgfältig überprüft. Da inhaltliche Fehler trotzdem nicht völlig auszuschließen sind, erfolgen diese Angaben ohne jegliche Verpflichtung des Verlages oder des Autors. Beide übernehmen daher keine Haftung für etwaige inhaltliche Unrichtigkeiten.
Alle Rechte, insbesondere das Recht der Vervielfältigung und Verbreitung sowie der Übersetzung, vorbehalten. Kein Teil des Werkes darf in irgendeiner Form (Druck, Fotokopie, Mikrofilm oder andere Verfahren) ohne schriftliche Genehmigung des Verlages reproduziert oder unter Verwendung elektronischer Systeme verarbeitet, gespeichert oder vervielfältigt werden.

ISBN: 978-3-86659-221-6

© 2013 Natur und Tier - Verlag GmbH
An der Kleimannbrücke 39/41
48157 Münster
www.ms-verlag.de

Geschäftsführung: Matthias Schmidt
Lektorat: Mike Zawadzki & Kriton Kunz
Layout: Mirko Barts, GeitjeBooks Berlin
Druck: Alföldi, Debrecen

Vorwort

Das Hobby Terraristik erfreut sich immer größerer Beliebtheit, und neben Reptilien und Amphibien halten hierzulande auch immer mehr Wirbellose Einzug in die Terrarien. Waren es anfangs noch hauptsächlich Vogelspinnen, die von Liebhabern gepflegt wurden, sind es nun auch vermehrt andere Vertreter der Arthropoden (Gliederfüßer). Die Zahl derer, die Insekten, Tausendfüßer, Krebse und Schnecken im Wohnzimmer pflegen, steigt stetig. Innerhalb der Insekten sind es vor allem exotische Käfer, Mantiden (Gottesanbeterinnen) und Phasmiden (Gespenstschrecken), die ständig mehr Menschen in ihren Bann ziehen.

Insbesondere die Phasmiden – sie sind bei uns als Wandelnde Blätter, Stab- und Gespenstschrecken bekannt – erweisen sich als recht einfach zu halten, sodass sie sich als Tiere für Einsteiger in die Terraristik hervorragend eignen, selbst für bereits verantwortungsvolle Kinder. In vielen Schulen werden Phasmiden daher im Biologieunterricht als Anschauungsmaterial direkt im Klassenzimmer gehalten.

Dennoch gilt es, bei der Pflege von Phasmiden natürlich einige wichtige Grundregeln zu beachten, um die Ansprüche der einzelnen Arten bezüglich Haltungsparameter und Ernährung zu erfüllen. Und auch in puncto Vermehrung gibt es einige Besonderheiten, die man als Pfleger dieser interessanten Tiere kennen muss.

Zwar möchte man sich als Halter eines neuen Heimtieres ja bereits im Voraus über dessen Lebensansprüche und Charakteristika informieren, jedoch gestaltet sich dies bei eher ungewöhnlichen Arten mitunter noch etwas schwierig. Das Internet bietet eine Vielzahl an Informationen – aber wer weiß als Anfänger schon, ob diese auch fundiert und letztlich dazu geeignet sind, den Einstieg in das Hobby leicht zu machen?

Mit dem vorliegenden Buch möchte ich daher allen an Phasmiden Interessierten sowohl ein Nachschlagewerk mit allgemeinen Informationen zur Biologie dieser faszinierenden Lebewesen als auch einen Leitfaden zu ihrer erfolgreichen Haltung und Vermehrung an die Hand geben.

Natürlich fehlt auch eine Übersicht der in der Terraristik am verbreitetsten Arten nicht. Da ich mich mit diesem Terraristik-Ratgeber in erster Linie an Liebhaber wende, verzichte ich auf allzu komplexe Fach-Erläuterungen. Wer sich tiefer in die wissenschaftliche Literatur über Phasmiden einlesen möchte, möge daher die beigefügte Literaturliste beachten.

Ich wünsche Ihnen viel Spaß – tauchen Sie ein in die Welt der skurrilen und äußerst vielseitigen Phasmiden!

Die formenreichen Phasmiden sind beliebte Terrarientiere – hier eine Nymphe von *Mearnsiana bullosa*
Foto: K. Kunz

Alexander Esch
Sankt Augustin, 2012

Einleitung

Die Phasmiden – wissenschaftlich Phasmatodea genannt – sind eine etwa 225 Millionen Jahre alte Insektengruppe, von der bis heute etwa 3.200–3.500 Arten bekannt und wissenschaftlich beschrieben sind. Wie bei allen Insektengruppen existieren jedoch auch bei ihnen mit Sicherheit unzählige weitere Spezies, die noch auf ihre Entdeckung warten.

Bereits seit Anfang des 20. Jahrhunderts werden Phasmiden in Deutschland gehalten und gezüchtet. Zu Beginn wurden im deutschsprachigen Raum vor allem die Indische Stabschrecke (*Carausius morosus*) sowie die Mittelmeerstabschrecke (*Bacillus rossius*) gepflegt. Heute sind weltweit über 300 Arten in den Terrarien zu finden – und es kommen immer neue hinzu!

In Deutschland sind die Phasmiden vor allem unter den Begriffen Stabschrecken, Gespenstschrecken sowie Wandelnde Blätter bekannt. Eine klare Einteilung der vielen Arten der Phasmatodea in diese drei Kategorien ist jedoch nicht möglich. Bei einigen Spezies ist diese Zuordnung sehr subjektiv, weil die entsprechenden Tiere zwar beispielsweise einen eindeutig stabförmig gestreckten Körper besitzen, auf der anderen Seite aber relativ massig sind und somit je nach Sichtweise zu den Gespenst- oder zu den Stabschrecken gezählt werden könnten.

Daher wird vor allem in der Terraristik immer häufiger schlicht der Begriff Phasmiden verwendet, wenn man allgemein über diese Tiere redet. Bei fachlich ausgerichteten Gesprächen sowie in wissenschaftlichen Abhandlungen dagegen werden die wissenschaftlichen Namen benutzt, da sie eine eindeutige und unverwechselbare Bezeichnung darstellen.

Im deutschsprachigen Raum werden auch häufig die Bezeichnungen „Stabheuschrecke" und „Gespensheuschrecke" verwendet, was von der fälschlichen Annahme herrührt, die Phasmatodea seien nahe mit den Heuschrecken verwandt. Dabei ist selbst der Begriff „Schrecke" bei Phasmiden eigentlich irreführend, da er sich auf die Sprungfähigkeit der Heuschrecken bezieht (ursprüngliche Bedeutung von „schrecken" = „springen"), Phasmiden aber aufgrund ihres Körperbaus zu keinerlei Sprüngen fähig sind.

Rekord!

Innerhalb der Phasmatodea gibt es einige Rekordhalter – so ist das längste Insekt der Welt eine Phasmide: Weibchen der erst 2008 entdeckten Art *Phobaeticus chani* erreichen eine Körpergröße von 35,6 cm. Damit löste diese Art den bisherigen Spitzenreiter ab, ebenfalls eine Phasmide – *P. kirbyi* mit einer Körperlänge von bis zu 32,8 cm. Männchen von *P. chani* werden allerdings nur etwa 13 cm lang.

Zudem findet sich unter den Phasmiden auch eines der schwersten Insekten der Erde: Weibchen von *Heteropteryx dilatata* können ein Gewicht von bis zu 70 g erreichen.

Gespenster

Der Ausdruck Phasmiden ist eine abgeleitete Form von Phasmatodea, der wissenschaftlichen Bezeichnung der Ordnung der Gespenstschrecken. Der Wortteil „Phasma" bezieht sich auf die hervorragende Tarnung der meisten Tiere dieser Ordnung und wurde aus dem altgriechischen Wort für Gespenst abgeleitet.

Systematik

Die Systematik, also die Bestimmung und Einordnung von Lebewesen, ist kein starres und festes Konstrukt. Aufgrund aktueller Erkenntnisse durch neue Untersuchungsmethoden kommt es häufig zu weitreichenden Änderungen. Neben der Beschreibung von Arten, die der Wissenschaft bis dato nicht bekannt waren, werden häufig auch einzelne Formen umbenannt, beispielsweise wenn eine Unterart in den Artrang erhoben wird. Aber auch wenn sich zwei vermeintlich verschiedene Taxa („systematische Einheiten") als artgleich herausstellen, hat dies Änderungen in der Benennung zur Folge, denn dann werden diese beiden unter einem gemeinsamen Namen zusammengefasst, wobei der ältere Name Priorität hat und der neuere als Synonym aufgefasst wird.

Selbst ganze Gattungen bleiben nicht von solchen Änderungen verschont. Neue Namen kommen, alte Namen gehen – letztlich bleibt alles im Fluss.

Zu solchen Veränderungen kommt es häufig nach umfangreichen wissenschaftlichen Revisionen von Arten, Arten-Komplexen, Gattungen oder Familien. Besonders für den Hobbyhalter, der nun gerade die wissenschaftliche Bezeichnung seiner Pfleglinge auswendig gelernt hat, sind solche Änderungen nicht immer ganz einfach nachzuvollziehen. Doch wer auf dem Laufenden bleiben will, muss sich an solche Neuerungen gewöhnen und sich den einen oder anderen neuen wissenschaftlichen Namen merken.

Gerade bei den Wirbellosen werden häufig Arten importiert, die zwar unter einem bestimmten Namen verkauft werden, sich aber bei genauerer Untersuchung dann doch als eine andere Art herausstellen. In einigen Fällen handelt es sich sogar noch um eine gänzlich unbekannte Spezies, die erst wissenschaftlich beschrieben und benannt werden muss. Meist hat sich diese Art dann aber bereits in Liebhaberkreisen unter dem falschen Namen so verbreitet, dass es ein recht langwieriger Prozess sein kann, bis die korrekte Bezeichnung sich schließlich durchgesetzt hat.

So ist etwa in Liebhaberkreisen unter den Wandelnden Blättern der Familie Phylliidae ein Vertreter aus der Gattung *Phyllium* weit verbreitet, und man nahm lange Zeit an, es handle sich hierbei um die Art *P. siccifolium*. Im Zuge einer Revision im Jahre 2009 wurde jedoch entdeckt, dass es sich bei diesen seit vielen Generationen in Zucht befindlichen Tieren tatsächlich um eine zwar sehr ähnliche, aber noch un-

Phasmiden ähneln in ihrer Gestalt verschiedenen Pflanzenteilen. Die Australische Gespenstschrecke sieht einem welken Blatt ähnlich.
Foto: B. Love / Blue Chameleon Ventures

beschriebene Art handelte (HENNEMAN et al. 2009). In dieser Arbeit wurde die neue Spezies als *Phyllium philippinicum* beschrieben. Bis heute hat sich dies allerdings noch nicht bei allen Haltern dieser Tiere herumgesprochen. Erschwert wird die Umstellung durch die Tatsache, dass einige Zuchtstämme der echten *P. siccifolium* existieren. So ist es für den Hobbyhalter schwierig zu wissen, ob er mit seinen als *P. siccifolium* und *P. philippinicum* bezeichneten Zuchtstämmen zwei verschiedene Arten bei sich beherbergt oder nicht.

Ein anderes Problem existiert bei einer Stabschrecke, die in der Terraristik ebenfalls weit verbreitet ist. Sie wurde ursprünglich als *Baculum extradentatum* bezeichnet, dann aber in eine neue Gattung überstellt, sodass die korrekte Bezeichnung nun *Medauroidea extradentata* lautet. Dennoch kennen und führen viele Halter diese Art nach wie vor nur unter ihrem alten Namen.

Dies sind nur zwei Beispiele, die verdeutlichen sollen, wie wichtig es ist, seine Tiere richtig zu bestimmen.

Um dieses „Namenschaos" ein wenig zu entwirren, habe ich im Artenteil neben der aktuellen gültigen Bezeichnung einer Art auch verbreitete Synonyme aufgelistet. Im Verzeichnis der Artnamen (S. 125) stehen darum neben den gültigen wissenschaftlichen Bezeichnungen und den deutschen Namen ebenfalls die geläufigsten Synonyme.

Anhand der genannten Beispiele wird deutlich, dass Verwandtschaftsverhältnisse innerhalb der Phasmatodea noch nicht gänzlich geklärt sind und es deshalb immer wieder zu Veränderungen in der Systematik kommen kann. Dies gilt selbst für die großsystematische Stellung oberhalb des Art-, Gattungs- oder Familienniveaus. Da dies für die Hobbyhaltung jedoch eher von untergeordneter Wichtigkeit ist, möchte ich hier nur kurz auf diese Thematik eingehen.

Die Gruppe der Phasmiden ist zwar durch die paarigen Wehrdrüsen im Prothorax (vorderster Brustabschnitt) klar von anderen Insekten abgegrenzt, aber dennoch ist die genaue Stellung der Phasmatodea unklar. Ihre frühere Einordnung neben den Mantodea (Gottesanbeterinnen), Blattodea (Schaben) und Saltatoria (Springschrecken) in die Gruppe der Orthoptera (Geradflügler) gilt heute als falscher Ansatz und ist in dieser Form allgemein verworfen. Aktuell existieren verschiedene Vorschläge für eine stammesgeschichtlich korrekte Systematik. In der mir am plausibelsten erscheinenden Variante bilden die Phasmatodea als Phasmatiformia die Schwestergruppe der Plecopteriformia, die folgende Taxa umfassen: Timematodea, Plecoptera (Steinfliegen) und Embioptera (Tarsenspinner). Beide Schwesterngruppen formen gemeinsam die Phasmatomorpha.

Auch bezüglich der inneren Systematik der Phasmatodea existieren bis heute einige Unklarheiten. Aktuell weithin akzeptiert ist die Aufteilung der Ordnung Phasmatodea in die Unterordnungen Agathemerodea und Verophasmatodea. Die Agathemerodea unterscheiden sich in Feinstrukturen des Genitalapparates von den restlichen Phasmiden. Während erstere Unterordnung nur eine Familie umfasst, die Agathemeridae, finden sich in der letzteren alle restlichen Phasmiden: Die Unterordnung Verophasmatodea besteht aus zwei Teilordnungen, den Anareolatae und den Areolatae, die sich dann weiter in Überfamilien, Familien, Unterfamilien und schließlich in Gattungen mit ihren jeweiligen Arten gliedern.

Wahrscheinlich wird diese Einteilung der Phasmiden in naher Zukunft durch neue, molekulargenetische Untersuchungsmethoden überprüft und eventuell umstrukturiert werden.

Schon jetzt deuten erste Studien darauf hin, dass die bisherigen Verwandtschaftstheorien falsch sind. Man geht inzwischen davon aus, dass sich z. B. die typischen Körperformen und Lebensweisen der Gespenstschrecken mehrmals unabhängig voneinander entwickelt haben und nicht zwangsläufig auf eine enge Verwandtschaft deuten.

Körperbau

Die Phasmiden fallen besonders durch ihren Körperbau auf, der ihnen eine hervorragende Tarnung ermöglicht. Trotz des recht einheitlichen Körperbaus der Insekten hat sich innerhalb der Phasmiden eine große morphologische Variabilität ausgebildet. Manche Arten sehen aus wie ein dünner Zweig, kaum dicker als ein Streichholz, andere sind dagegen sehr breit oder dick.

Bei „typischen" Stabschrecken sind Rumpf und Beine sehr lang gezogen und dünn. Gespenstschrecken dagegen besitzen meist einen massigeren Körper und Anhänge an Beinen und Körper, um ihre Silhouette optisch zu verwischen.

Wandelnde Blätter (Familie Phylliidae) wiederum ahmen in ihrem gesamten Körperbau ein großes Pflanzenblatt nach.

In ihrer Gestalt ähneln die Phasmiden verschiedenen Pflanzenteilen, sind somit beispielsweise in ihren Futterpflanzen kaum auszumachen und für Fressfeinde nur sehr schwer zu entdecken. Arten mit einem dünnen Körper wie *Ramulus artemis* imitieren Äste, andere wie *Lamponius guerini* erinnern an eine Baumrinde oder ahmen Blätter nach (Gattung *Phyllium*). Dieses Nachahmen von Pflanzen oder Pflanzenteilen wird als Phytomimese bezeichnet. Verstärkt wird die Blattimitation durch wiegende Bewegungen der Tiere, sobald ein Luftstrom (Wind) wahrgenommen wird.

Phasmiden erreichen im adulten Stadium je nach Art eine Körperlänge von 2–35 cm. Die meisten Vertreter sind jedoch in einem Größenspektrum von 6–17 cm angesiedelt.

Generell sind Männchen einer Art kleiner und schlanker als Weibchen. Teilweise ist

Stabschrecken wie *Lamponius guerini* imitieren perfekt Zweige und Rinde
Foto: A. Esch

dieser Sexualdimorphismus, also die unterschiedliche Gestalt der Geschlechter, so groß, dass man meinen könnte, es handle sich um zwei verschiedene Arten.

Die meisten Phasmiden besitzen eine bräunliche bis grüne Grundfärbung, teilweise mit verschiedenfarbigen, meist matten Musterungen. Es gibt jedoch auch Ausnahmen. So besitzen z. B. *Peruphasma schultei* und die Vertreter der Gattung *Anisomorpha* eine schwarze Grundfarbe und weisen auch keinerlei Tarnanhänge auf.

Der Körper der Phasmiden ist wie bei allen Insekten in drei Teile gegliedert: Kopf (Caput), Brust (Thorax) und Hinterleib (Abdomen). Sie besitzen ein Exoskelett (Außenskelett), das aus einer chitinhaltigen Kutikula (Oberhäutchen) aufgebaut ist. Es handelt sich dabei aber nicht um einen starren Panzer, sondern vielmehr um ein Plattenskelett, dessen Elemente an den Segmentgrenzen über Membranen miteinander verbunden sind – man kann es mit einer Ritterrüstung vergleichen. Diese Verbindungsmembranen lassen eine gewisse Volumenzunahme der Tiere zu. Besonders am Abdomen der adulten (geschlechtsreifen) Weibchen sind diese Häutchen sehr dehnbar, weil die einsetzende Eiproduktion viel Raum beansprucht.

Am nach vorne ausgerichteten (prognathen) Kopf befinden sich ein Paar Antennen, Augen (Facettenaugen und Ozellen) sowie die Mundwerkzeuge.

Die Antennen sind mit vielen Sinneszellen ausgestattet, mit denen die Tiere in der Lage sind, Pheromone (Botenstoffe) oder andere Substanzen zu erfassen. Länge und Anzahl der Glieder des Antennenpaares variieren sehr stark und sind artspezifisch. Das Spektrum reicht von sehr kurzen Antennen bis zu Antennen, die länger als der komplette Körper sind.

Bei besonders langen Antennen geht man davon aus, dass sie zum Ertasten der Umgebung und auch speziell der Weibchen dienen.

Mundwerkzeuge von *Trachyaretaon carmelae*
Foto: A. Esch

Ein Beispiel hierfür ist die Ausbildung dieser Organe bei der Gattung *Phyllium*: Während die Weibchen nur sehr kurze Antennen besitzen, sind diese bei den Männchen deutlich länger.

Die Hauptaugen der Phasmiden sind die meist recht kleinen Facettenaugen, die aus einzelnen Lichtsinnesorganen (Ommatidien) aufgebaut sind. Sie sind relativ schwach und dienen hauptsächlich zur Hell-Dunkel-Unterscheidung. Neben diesem Augenpaar besitzt ein Teil der Phasmidenarten auch bis zu drei Ocellen (Punktaugen) auf dem Scheitel. Sie finden sich fast ausschließlich bei flugfähigen Männchen, und man nimmt an, dass sie während der Flugbewegung zur Wahrnehmung des Horizontes eingesetzt werden und somit als Gleichgewichtsorgan dienen.

Die beißend-kauenden Mundwerkzeuge setzten sich aus einer Oberlippe (Labrum), jeweils einem Paar Oberkiefer (Mandibel) und Unterkiefer (Maxille) sowie einer abschließenden Unterlippe (Labium) zusammen. An den Maxillen und am Labium befinden sich Tasterpaare, die Maxillar- und Labialpalpen, mit deren Hilfe die Nahrung aus Blättern in die richtige Position gebracht und gehalten wird, sodass sie gefressen werden kann. Die Palpen bestehen aus drei (Labium) bzw. fünf (Maxille) beweglichen Gliedern. Mit den Mandibeln wird in die Futterquelle gebissen, während die Maxillen die Nahrung zerkleinern.

Der an den Kopf anschließende Thorax ist in drei Segmente gegliedert: Prothorax (Vorderbrust), Mesothorax (Mittelbrust) und Metathorax (Hinterbrust). Jedes Segment besteht aus einer Bauchplatte (Pro-, Meso- und Metasternum) und einer Rückenplatte (Pro-, Meso- und Metanotum) und trägt jeweils ein Beinpaar.

Die Beine sind ebenfalls in klare Abschnitte gegliedert. Das Verbindungsstück zum Körper ist die Hüfte (Coxa), gefolgt von Schenkelring (Trochanter), Schenkel (Femur), Schiene (Tibia) sowie abschließend dem eigentlichen Fuß (Tarsus). Dieser wiederum besteht aus mehreren beweglichen Gliedern, den Tarsomeren.

Der Tarsus der Phasmiden setzt sich immer aus fünf Gliedern zusammen – eine Ausnahme bilden regenerierte Beine, die nur noch vier Tarsomere aufweisen. Am letzten Glied befinden sich zwei Krallen und ein mittiges Haftpolster (Arolium), das es den Tieren ermöglicht, auch auf glatten Flächen wie beispielsweise Glas zu klettern. Einige Phasmidenarten erreichen jedoch als Imago (geschlechtsreifes Insekt) ein so hohes Gewicht, dass sie sich trotz Arolium nicht mehr auf glatten Flächen zu halten vermögen.

Phasmiden können ihre einzelnen Extremitäten beispielsweise zur Verteidigung abwerfen und später im Lauf ihrer Entwicklung regenerieren. Die Verbindung zwischen Trochanter und Femur stellt dabei die Sollbruchstelle dar. Durch eine besondere Membran im Trochanter wird verhindert, dass nach einem solchen Vorgang Körperflüssigkeit (Hämolymphe) austreten kann. In der kommenden Häutung wird dann zunächst eine sogenannte Regenerationsschlaufe gebildet, bevor bei der darauffolgenden Häutung das neue Bein wächst. Anfangs ist es noch kleiner, besitzt aber ansonsten das Aussehen und auch dieselbe Funktionsfähigkeit wie andere Beine. Mit jeder weiteren Häutung wird die regenerierte Extremität größer, bis es im optimalen Fall keinen Unterschied zum ursprünglichen Bein gibt. Wirft ein Tier allerdings als subadultes oder adultes Exemplar ein Bein ab, kann es dieses nicht mehr regenerieren, da es die Anzahl der dafür notwendigen Häutungen nicht mehr durchläuft.

Auch Antennen können bei Verlust auf diese Weise erneuert werden. Allerdings kommt es dabei leichter zu Missbildungen.

Die Nymphen von *Peruphasma schultei* weisen keinerlei Tarnanhänge auf

Foto: A. Esch

Entscheidend für das „korrekte" Nachwachsen ist, ob auch die ersten beiden Glieder der Antenne verloren gegangen sind. Ist dies der Fall, so wird an dieser Stelle eine Extremität mit deutlichem Beincharakter bis hin zum vollständigen Bein regeneriert. Dies zeigt die evolutionäre Nähe der beiden Extremitäten.

Oftmals besitzt das erste Beinpaar am basalen Ende des Schenkels eine Aussparung, in die sich der Kopf während der gestreckten Ruhestellung perfekt einschmiegt.

An den hinteren beiden Beinpaaren befindet sich das für die Einteilung der beiden systematischen Großgruppen (Areolatae und Anareolatae) entscheidende Merkmal, die area apicalis. Dabei handelt es sich um eine dreieckige membranöse Vertiefung auf der Tibia. Ist sie vorhanden, zählt man die Art zu den Areolaten, fehlt sie dagegen, so handelt es sich um einen Vertreter der anareolaten Phasmiden. Auch bei sehr großwüchsigen Phasmiden ist der Prothorax immer sehr kurz. Dadurch entspringt das erste Beinpaar bei allen Arten stets direkt hinter dem Kopf. Der Mesothorax ist hingegen immer das Längste der drei Brustsegmente. Bei besonders großen Arten kann auch zusätzlich der Metathorax verlängert sein. Am vorderen Ende des Prothorax befinden sich die Mündungen der paarigen Wehrdrüsen, die bei allen Phasmiden vorhanden sind, wenn auch, genau wie das daraus abgegebene Wehrsekret, unterschiedlich stark ausgeprägt.

Obwohl die Phasmiden zu den geflügelten Insekten gezählt werden, ist die Ausprägung der beiden Flügelpaare sehr unterschiedlich. Es gibt voll geflügelte Arten (z. B. *Sipyloidea meneptolemus*), Spezies, die nur noch die Hinterflügel besitzen (z. B. *Hypocyrtus vittatus*), sowie eine Vielzahl von Arten, die komplett flügellos sind.

Bei Phasmiden, die nur ein Paar Flügel als Rudiment besitzen,

Wandelnde Blätter wie diese Nymphe von *Phyllium bioculatum* sind hervorragend getarnt
Foto: A. Esch

Körperbau

Voll geflügelte
Sipyloidea sipylus
Foto: A. Esch

dienen diese der Feindabwehr und weisen eine helle, häufig rote Färbung auf, wie beispielsweise bei *Peruphasma schultei*.

Spezies mit voll entwickelten Hinterflügeln sind vielfach auch flugfähig. Eine Ausnahme bilden hier u. a. die Weibchen der Gattung *Phyllium*. Diese besitzen zwar ein gut ausgebildetes hinteres Flügelpaar, sind jedoch aufgrund ihres Körperbaues nicht dazu in der Lage zu fliegen. Die Flügel dienen ihnen zur Verbesserung der Tarnung, weil die Flügeladern ein Blattgeäder imitieren.

Wenn vorhanden, verlaufen die Flügel in Ruhestellung gerade über den Körper. Bei vielen Arten sind wie schon erwähnt lediglich die Männchen flugfähig. Der umgekehrte Fall, dass bei Weibchen die Flügel stärker ausgeprägt wären als Männchen, kommt in dieser Insektengruppe nicht vor. Wenn Männchen einer Art keine Flügel besitzen, so weisen auch die dazugehörigen Weibchen keine auf. Haben Männchen lediglich rudimentäre Flügelplatten, gilt dies auch für Weibchen, und verfügen Männchen über komplett entwickelte Flügel, können Weibchen dann je nach Art voll, rudimentär oder ungeflügelt sein.

Das erste Flügelpaar, die Vorderflügel, setzt am Mesothorax an; die Vorderflügel werden als Tegmina bezeichnet. Sie sind vollständig verhärtet (sklerotisiert), aber anders als etwa bei den Vorderflügeln der Käfer (Coleoptera), die Elytren genannt werden, erkennt man bei den Tegmina noch die ursprüngliche Flügeladerung. Die Tegmina sind häufiger als die Hinterflügel nur schuppenartig ausgebildet oder fehlen komplett.

Die Ansatzstelle des zweiten Flügelpaares, der Hinterflügel, befindet sich am Metathorax. Dieses Paar wird auch Alae genannt und ist meist nur am vorderen Rand, dem Costalfeld, leicht sklerotisiert, im restlichen Teil, dem Analfeld, dagegen membranös.

Im Ruhezustand klappen die Flügel an bestimmten Knickstellen zusammen und liegen geschützt unter dem Costalfeld. Das Analfeld weist oft eine auffallende Färbung auf, die u. a. der Feindabwehr dient.

Trotz der teilweise gut ausgebildeten Flügel sind viele Phasmiden im Allgemeinen in der Luft eher unbeholfen und gleiten mehr, als dass sie aktiv fliegen. Eine Ausnahme bilden hier meist die Männchen. Einige sind dazu fähig „aus dem Stand" hochzufliegen.

Am Meso- und am Metathorax sowie an den ersten acht Segmenten des Abdomens befinden sich die paarigen Atemöffnungen (Stigmata). Über sie gelangt Sauerstoff in das röhrenförmige, stark verzweigte Atemorgan (Tracheensystem) und verteilt sich im Körper.

Direkt mit dem Metathorax verbunden ist das erste Segment des Hinterleibs (Abdomen). Es wird als Mediansegement bezeichnet und bildet zusammen mit dem Metathorax den Pterothorax. Im Gegensatz zu den restlichen Abdominalsegmenten ist das Mediansegment nicht beweglich und in einigen Fällen nur schlecht zu erkennen. Die insgesamt elf Segmente sind ebenfalls von Bauch- (Sternite) und Rückenplatten (Tergite) bedeckt. Allerdings sind die Platten des ersten und des elften Segmentes häufig nicht erkennbar.

Anhand der Sternite lassen sich ab einer gewissen Entwicklungsgröße auch die Geschlechter unterscheiden. Männchen besitzen zehn Sternite, wobei das Letzte von ihnen zu einem Organ umgebildet ist, dem sogenannten Vomer. Mit dieser Struktur kann sich das Männchen während der Kopulation am Weibchen verankern.

Das neunte Segment weist eine Querteilung auf, dabei ist der vordere Teil wie die anderen Sternite am Körper, der hintere Abschnitt jedoch am ausstülpbaren Begattungsorgan befestigt. Bei den Männchen sind inklusive des Mediansegments folglich neun Sternite zu erkennen, während bei den Weibchen nur acht Sternite auszumachen sind. Das achte Sternit der Weibchen ist teilweise stark verlängert und zu einem Eiablageapparat (Ovipositor) umgewandelt, der das Ende des Abdomens komplett abdeckt und teilweise überragt. Form und Größe dieses als Operculum bezeichneten Segmentes sind je nach Art und Weise der Eiablage der entsprechenden Art unterschiedlich ausgeprägt. Arten, die ihre Eier einfach zu Boden fallen lassen, besitzen einen relativ kurzen Ovipositor, der einer Schaufel ähnelt. Solche hingegen, die ihre Eier in den Boden legen, weisen einen Ovipositor mit regelrechtem Schnabel auf. Die Oberseite dieser Struktur wird dann durch eine Verlängerung des letzten Tergites gebildet.

Beide Geschlechter weisen zehn Tergite auf, wobei die Rückenplatte des Mediansegmentes nicht immer zu erkennen ist.

Während im Thorax primär die Muskeln der Beine und Flügel untergebracht sind, beherbergt das Abdomen das Verdauungssystem und die Fortpflanzungsorgane der Tiere.

Detailansicht der Tarsomeren von *Eurycantha calcarata*
Foto: A. Esch

Arolium und Krallen bei *Diapherodes gigantea*
Foto: A. Esch

Regenerationsschlaufe bei *Clonaria conformans*
Foto: A. Esch

Flügelrudimente von *Hypocyrtus vittatus*
Foto: A. Esch

Fortpflanzung und Entwicklung

Phasmiden durchlaufen eine unvollkommene Verwandlung – man spricht von einer hemimetabolen Entwicklung. Dabei ähneln die Nymphen in jeder ihrer Entwicklungsstufen dem adulten Tier, es existiert also kein Puppenstadium, in dem das Individuum eine Metamorphose durchläuft. Das Gegenstück, die holometabole Entwicklung, ist u. a. von den Schmetterlingen bekannt, die einen großen Teil ihres Lebens als Raupe verbringen, bevor sie sich zum Falter umwandeln.

Phasmiden wachsen in jeder Entwicklungsstufe und absolvieren an deren Ende jeweils eine Häutung. Da ihr hartes Außenskelett nur ein begrenztes Wachstum zulässt, muss es nämlich regelmäßig erneuert werden. Dabei wird die alte, zu klein gewordene Haut abgestoßen, nachdem sich darunter zuvor eine neue gebildet hat. Bei der Häutung erneuert sich jedoch nicht nur der Außenpanzer. Auch Teile des Darmtraktes, die Atmungsorgane (Tracheengänge) und die Wehrdrüsen werden mitgehäutet.

Zur Häutung sucht das Tier einen höher gelegenen Platz auf, an dem es sich kopfüber an seinen Beinen aufhängt. Die alte Haut platzt an einer Sollbruchstelle am Hinterkopf auf, und das Tier zieht sich langsam heraus.

Der neue Panzer ist direkt nach der Häutung noch weich und dehnbar. Bis zum Aushärten der Außenhaut hat das Insekt nun eine Weile im Inneren „Platz zum Wachsen".

Phyllium philippinicum **bei der Häutung**
Foto: A. Esch

Männliche Nymphe von *Extatosoma tiaratum* **kurz vor Ende der Häutungsphase**
Foto: A. Esch

Fortpflanzung und Entwicklung

Während der Häutung sind Phasmiden sehr anfällig und dürfen nicht gestört oder berührt werden, da dies zu Fehlbildungen oder im schlimmsten Fall zum Tod des Tieres führen kann. Meist häuten sich die Tiere im Schutz der Nacht oder in den frühen Morgenstunden, wenn die Luftfeuchtigkeit etwas erhöht ist. Die alte Haut wird anschließend gefressen, da sie nützliche Nährstoffe enthält.

Die komplette Entwicklung vom Schlüpfling zum adulten Tier dauert im Durchschnitt 3–8 Monate, einige Arten benötigen aber auch bis zu zwölf Monate. Die Dauer ist neben der artspezifischen Veranlagung auch von der Temperatur abhängig. Je wärmer die Umgebung ist, desto schneller kann die Entwicklung fortschreiten. Allerdings gibt es auch einen kritischen Punkt, an dem die Temperaturen zu hoch sind, sodass die Tiere sterben.

In ihrer Entwicklungszeit häuten sich Weibchen 4–8 Mal, Männchen benötigen in der Regel eine Häutung weniger. Die genaue Anzahl der benötigten Häutungen ist zum einen artspezifisch, kann jedoch bei einigen Spezies auch durch äußere Einflüsse bestimmt werden, wie z. B. die Temperatur.

Die durchschnittliche Lebensdauer der ausgewachsenen Tiere beträgt 3–12 Monate, wobei Weibchen meistens etwas länger leben als Männchen.

Ungefähr zwei Wochen nach der Imaginalhäutung sind die Tiere geschlechtsreif. Nach weiteren 14 Tagen beginnen die meisten Weibchen mit der Eiproduktion.

Innerhalb der Phasmatodea gibt es sowohl die zweigeschlechtliche, sexuelle Fortpflanzung als auch die asexuelle Vermehrung – von einigen Arten sind beide Varianten bekannt.

Die sexuelle Fortpflanzung durch eine Paarung beider Geschlechter ist am weitesten verbreitet. Die erste Kopulation erfolgt meist direkt nach Einsetzen der Geschlechtsreife des Weibchens. In der Regel folgen aber über die komplette Lebensdauer der Männchen weitere Paarungen. Bei einigen Arten, beispielsweise der Gattung *Anisomorpha*, bleibt das Männchen sogar sein komplettes Leben am Weibchen hängen und begattet dieses nahezu ununterbrochen.

Für die Paarung, die gewöhnlich bis zu mehreren Stunden dauert, klettert das Männchen auf den Rücken des Weibchens. Dann biegt es sein Abdomen so stark, dass es sich an der Subgenitalplatte des Weibchens verankern kann. Anschließend stülpt es zur Kopulation sein Geschlechtsorgan nach außen und überträgt seine Spermien. Dies geschieht entweder direkt oder durch eine Spermatophore, ein mit den Spermien gefülltes Proteingebil-

Junge Nymphe von *Phyllium philippinicum* in der Häutung
Foto: A. Esch

Eine frisch gehäutete Nymphe von *Trachyaretaon carmelae* frisst die alte Haut
Foto: A. Esch

Fortpflanzung und Entwicklung

Für Phasmiden typische Paarungsstellung: Das Männchen sitzt auf dem Rücken des Weibchens, hier *Acanthomenexenus polyacanthus*
Foto: A. Esch

de. Die Spermien werden dann im Weibchen in eine Tasche geleitet und dort bis zur Befruchtung gespeichert. Erfolgte die Übertragung der Spermien mittels Spermatophore, so wird diese nach ihrer Entleerung ausgeworfen, und man kann sie manchmal auf dem Boden finden.

Bei der asexuellen Vermehrung kann das Weibchen bei Abwesenheit eines Männchens unbefruchtete Eier bilden, aus denen dennoch Nachkommen schlüpfen (Parthenogenese oder Jungfernzeugung). Bei dieser Form der Vermehrung wird in der unbefruchteten Eizelle durch eine unvollständige Teilung der bis dahin einfache (haploide) Chromosomensatz verdoppelt.

Bei Insekten wird das Geschlecht nicht durch das XY/XX-System wie beim Menschen definiert, sondern durch das XX/X0-System.

Spermatophorenübertragung bei *Diapherodes gigantea*
Foto: A. Esch

Spermatophorenübertragung während der Kopulation von *Extatosoma tiaratum*
Foto: A. Esch

Fortpflanzung und Entwicklung

Ein Weibchen von *Heteropteryx dilatata* bei der Eiablage
Foto: A. Esch

Dabei ist nicht die Anzahl der X-Chromosomen entscheidend, sondern das Zahlenverhältnis der X-Chromosomen zur Anzahl der restlichen Chromosomen.

Bei fast allen Phasmidenarten, die zur parthenogenetischen Fortpflanzung imstande sind, entstehen bei dieser Vermehrungsform ausschließlich weibliche Nachkommen. Diese Form der Parthenogenese nennt man Thelytokie. Bei einigen Arten kommt es sehr selten auch zu einer Entwicklung männlicher Nachkommen. Diese parthenogenetisch erzeugten Männchen verspüren einen Kopulationsdrang und besitzen auch die Fähigkeit zur Paarung. Angesichts der Abwesenheit männlicher Nachkommen in der nächsten Generation scheinen sie jedoch steril zu sein.

Die Entwicklung von Männchen bei parthenogenetischer Fortpflanzung wird durch ein kleines Chromatinstück ermöglicht, das auch als akzessorisches Chromosom bezeichnet wird und in einigen Eizellen vorhanden ist. Bei der Verdopplung entsteht dadurch ein unpaares Chromosom, das das Tier als Männchen determiniert. Ein Grund für die Seltenheit dieses Phänomens wurde bei genaueren Untersuchungen an *Carausius morosus* ermittelt. Man fand heraus, dass während der Reifung der Eizellen jene bereits frühzeitig degenerieren, die das erwähnte Chromatinstück besitzen.

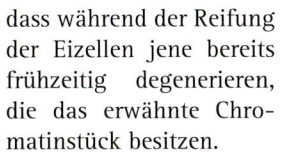

Selbst Zwitter kommen gelegentlich vor, hier bei *Phyllium* sp.: Die männliche Seite ist schlank, die weibliche rundlich.
Foto: M. Höhle

Fortpflanzung und Entwicklung

Eier werden teilweise an jede verfügbare Stelle geklebt, hier an ein Bein von *Parapachymorpha zomproi*
Foto: A. Esch

Ovipositor von *Phyllium westwoodii* mit Ei
Foto: A. Esch

Eine Besonderheit in der Entwicklung der Insekten und somit auch der Phasmiden ist die Möglichkeit des Vorkommens eines Gynanders. Dieser besitzt sowohl männliche als auch weibliche Merkmale, die teilweise mosaikartig verteilt sind. Das Verhältnis von männlichen zu weiblichen Körperabschnitten kann bis zu 50 : 50 betragen und ist oft durch eine Zweiteilung des Körpers gekennzeichnet. Dies ist möglich, weil bei den Insekten in jeder Zelle die „Geschlechtsentscheidung" unabhängig vom restlichen Körper abläuft. Ein Gyander entsteht jedoch nur sehr selten.

Bei den meisten Arten, die sich auch durch Parthenogenese vermehren können, ist zu beobachten, dass bei mehreren aufeinanderfolgenden parthenogenetischen Generationen die Schlupfrate sowie die Vitalität der Tiere abnehmen.

Allerdings gibt es auch Ausnahmen wie *Medauroidea extradentata*, von der sowohl zweigeschlechtliche als auch rein parthenogenetische Zuchtstämme existieren, die in Anzahl und Fitness ihrer Nachkommenschaft nicht zu unterscheiden sind.

Ein weiteres Beispiel für eine erfolgreiche „Jungfernzucht" bildet die seit über einem Jahrhundert rein parthenogenetisch vermehrte Art *Carausius morosus*.

Nest- oder Brutpflege existieren bei Phasmiden nicht. Ein Weibchen kann in seiner Lebenszeit je nach Art weniger als hundert bis hin zu über tausend Eier produzieren. Diese werden einzeln entweder mit dem Ovipositor in die Erde gelegt (z. B. *Aretaon*, *Sungaya*), an Substrat wie z. B. Zweige, Blätter, Rinde etc. geklebt (z. B. *Sipyloidea sipylus*) oder durch eine ruckartige Bewegung weggeschleudert (z. B. *Extatosoma*, *Ramulus*, *Phyllium*).

Die Eier von Phasmiden ähneln optisch oft Pflanzensamen und sehen je nach Art sehr unterschiedlich aus. Daher eignen sie sich hervorragend für die Bestimmung von Phasmiden und können ebenso für die Untersuchung von Verwandtschaftsbeziehungen genutzt werden.

Ihre Form reicht von schmal und stiftförmig über rund bis hin zu oval. Die Länge beträgt meist nur 1,5–8 mm mit einer Breite von durchschnittlich 2–4 mm. Eine Ausnahme bilden die Eier der Gattung *Haaniella*: Diese können bis zu 11 mm lang und 8 mm breit werden.

Aus der Form der Eier lässt sich in gewissem Maß auf die Ablageart schließen. So sind die Eier bei Arten, die sie wegschleudern oder fallen lassen, meist rundlich. Eier, die in den Boden gebohrt, an Pflanzen gestochen oder geklebt werden, sind dagegen eher länglich geformt.

Auf der Längsseite der Eier befindet sich eine Mikropylarplatte, auf der die Eintrittsöffnung (Mikropyle) der Spermien zu sehen ist. Außerdem besitzen sie an einem Pol ein Oper-

Fortpflanzung und Entwicklung

An ein Blatt festgehaktes Ei von *Asceles* **sp.**
Foto: A. Esch

Schlüpfende Nymphe von *Extatosoma tiaratum*
Foto: A. Esch

Gut ist bei dieser im Schlupfvorgang gestorbenen Nymphe von *Medauroidea extradentata* **das Größenverhältnis des Eis zum Schlüpfling erkennbar**
Foto: A. Esch

culum (Deckelstruktur), das beim Schlupf aufgedrückt wird. Auf dem Operculum ist häufig zusätzlich ein Capitulum (Aufsatz) vorhanden, das artspezifisch geformt und gefärbt ist. Die Schale ist meist hart und relativ widerstandsfähig, wodurch selbst kurze Trockenperioden dem Embryo nichts anhaben können.

Die Entwicklungszeit der Eier ist ebenfalls stark artspezifisch und wird zusätzlich durch die Temperatur beeinflusst. Sie kann zwei (*Ramulus artemis*) bis 18 Monate (*Heteropteryx dilatata*) dauern. Die Eier der meisten gehaltenen Arten benötigen eine durchschnittliche Inkubationszeit von 3–5 Monaten. Bei fast allen Spezies existieren auch sogenannte Dauereier, die ein Vielfaches der normalen Entwicklungszeit benötigen. Meist erfolgt diese Verzögerung durch das Durchlaufen einer speziellen Diapause. Dies geschieht besonders bei Arten, die in Gebieten mit periodischer Vegetationsruhe vorkommen.

Die schlüpfenden Nymphen sind im Vergleich zu den Elterntieren sehr klein, gemessen an der Größe des Eies, dem sie entsprungen sind, jedoch bereits relativ groß.

Australische Gespenstschrecke
(*Extatosoma tiaratum*)
Foto: wildlifebild

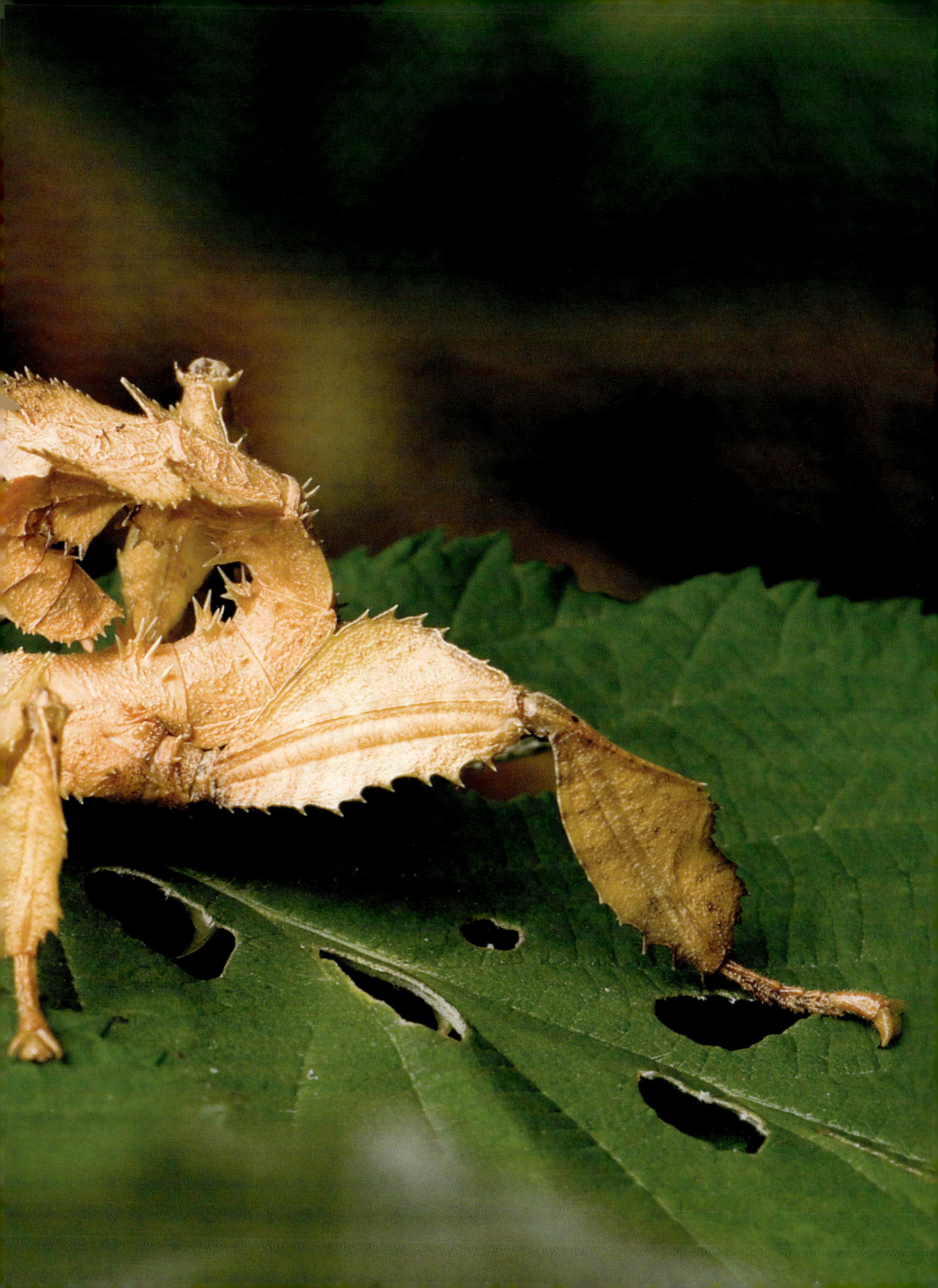

Abwehrverhalten

Phasmiden verfügen über verschiedene Mechanismen, um sich vor Feinden zu schützen. Beim Abwehrverhalten von Tieren wird generell zwischen primärer und sekundärer Abwehr unterschieden.

Als primäre Verteidigung werden passive Eigenschaften bezeichnet, die auch bei Abwesenheit eines Feindes zum Ausdruck kommen, bei Phasmiden ist dies in erster Linie die Tarnung (Krypsis). Innerhalb der Phasmatodea werden sowohl Mimese (Nachahmung eines Teils des Lebensraums als Tarnung) als auch Mimikry (Nachahmung anderer Tiere als Warntracht) angetroffen.

Phytomimese ist die vorherrschende Tarnungsart bei den Phasmiden: Viele Arten imitieren durch ihre Färbung und durch ihre Körperform perfekt einen Ast oder ein Blatt. Es gibt sogar Spezies, die durch eine besondere Färbung ihrer Körperanhänge einen Bewuchs vortäuschen.

Die Tarnung beginnt schon bei den Eiern, die oft Pflanzensamen erstaunlich ähnlich sehen, etwa bei *Extatosoma tiaratum*. Ob sich dadurch ein allgemeiner Vorteil ergibt, konnte bisher kaum geklärt werden. Die optische Ähnlichkeit der Eier mit Pflanzensamen hat nämlich neben dem Vorteil der Tarnung als Schutz vor Eiparasiten den Nachteil, dass Samenfresser wie bestimmte Vögel zu potenziellen Feinden werden.

Bei *E. tiaratum* geht man jedoch von einer völlig anders gearteten Schutzfunktion aus, da die Eier der Art aufgrund ihrer Ähnlichkeit zu Samen von Ameisen in deren Bau geschleppt werden, wo sie sich vor Parasiten behütet entwickeln können.

Frisch geschlüpfte Nymphen einiger Arten sind durch Mimikry geschützt. Sie besitzen eine schwarze Grundfarbe und ähneln Ameisen. Ein Beispiel hierfür ist ebenfalls *E. tiaratum*. Die Nymphen dieser Phasmide sind sehr agil und ähneln durch die schwarze Grundtönung und den rot gefärbten Kopf Spinnenameisen der Gattung *Leptomyrmex*.

Dadurch, dass die frisch geschlüpften Nymphen den Spinnenameisen ähneln, können sie unbeschadet aus dem feindlichen Umfeld des Ameisenbaus entkommen.

Neben den diversen Formen der Tarnung und der Mimikry gehört bei einigen Phasmidenarten eine auffällige Warnfärbung, die keine anderen Tiere nachahmt, zu den primären Abwehrmechanismen. Besonders durch schwarz-gelbe oder orangerote Töne weisen u. a. die Arten der Gattung *Anisomorpha* auf ihre Ungenießbarkeit und Wehrhaftigkeit hin.

Als letztes Beispiel für die passive Verteidigung seien die Dornen am Körper vieler Phasmiden erwähnt – besonders am Thorax finden sich je nach Spezies verschiedene Ausführungen. Für einen Feind ist es schwierig, ein solches Tier zu packen, ohne sich selbst zu verletzen.

Als sekundäre Verteidigung gelten alle aktiven Abwehrmechanismen, also gesteuerte Verhaltensmuster. Wie bereits geschildert, besitzen alle Phasmiden paarige Wehrdrüsen am Thorax. Die abgegebenen Wehrsekrete weisen artspezifisch unterschiedliche Wirkungsstärken auf. Während die einiger Spezies die Haut und Schleimhäute des Menschen reizen (z. B. *Aniso-*

Weibchen von *Phenacephorus cornucervi* können durch farbliche Unterschiede sogar einen Bewuchs vortäuschen
Foto: A. Esch

Abwehrverhalten

Nymphen von *Trachyaretaon carmelae* weisen eine Flechtentarntracht auf
Foto: A. Esch

Abwehrverhalten

Diese Nymphe von *Phyllium philippinicum* ist perfekt zwischen den Blättern getarnt
Foto: A. Esch

Zur Verbesserung der Tarnung kann der Umriss der Kopfes durch Anlegen der Beine verschwinden
Foto: A. Esch

morpha), scheiden andere Arten (*Neohirasea maerens*, *Sipyloidea sipylus*) einen aromatischen Stoff aus, den wir Menschen zwar wahrnehmen, ohne dass er jedoch eine weitere Wirkung auf uns ausübt. Viele Wehrsekrete sind für den Menschen sogar überhaupt nicht detektierbar, da sie weder Farbe noch Geruch oder Geschmack aufweisen. Ein unbemerkter Kontakt mit solchen Stoffen hat keine Folgen für unseren Organismus – vermutlich sind sie auf eine Wirkung auf andere Organismen ausgelegt.

Abwehrverhalten

In Menschenobhut kann man bei den verschiedenen Arten die unterschiedlich große Bereitschaft, ihr Wehrsekret abzugeben, gut beobachten. So sondern beispielsweise Exemplare der Art *Neohirasea maerens* bei einer Störung sehr schnell ihren rauchigen Duft ab, während *Peruphasma schultei* zwar ein leicht reizendes Sekret besitzt, es aber nach meiner Erfahrung eher selten einsetzt. Es gibt allerdings auch mündliche Berichte anderer Phasmidenhalter, *P. schultei* setze in größeren Gruppen (ab ca. 100 Tiere) weitaus häufiger ihr Wehrsekret ein.

CARLBERG (1987) stellte einen Versuch zur Wirksamkeit verschiedener Wehrsekrete an. Dazu bot er Nymphen der Mantide *Sphodromantis viridis* Nymphen verschiedener Phasmidenarten als Futter an, nämlich von *Anisomorpha buprestoides*, *Sipyloidea sipylus* und *Extatosoma tiaratum*. Nymphen von *A. buprestoides* und *S. sipylus* wurden immer direkt erbeutet und verspeist. Solche von *E. tiaratum* hingegen wurden manchmal sofort nach dem Fang wieder freigelassen und teilweise in nachfolgenden Versuchen von den Mantiden nicht mehr angerührt. Bei einem weiteren Test wurden Nymphen derselben Phasmidenarten mit einer Wanderratte (*Rattus norvegicus*) als möglichem Fressfeind konfrontiert. Der Nager mied die Nymphen von *A. buprestoides* und *S. sipylus*, fraß jedoch die von *E. tiaratum*.

Dieses Experiment zeigt die unterschiedliche Wirksamkeit bzw. Spezifität der Wehrsekrete auf verschiedene Räuber. Interessant ist dieses Ergebnis auch deshalb, weil der Mensch die Sekrete von *A. buprestoides* und *S. sipylus* wahrnehmen kann, jedoch nicht die von *E. tiaratum*.

Einige Arten verfügen über weitere sekundäre Schutzmechanismen. Sie tragen Dornen an den Hinterschenkeln und schlagen bei Bedrohung damit klappmesserartig zu (z. B. *Heteropteryx* und *Eurycantha*). Manche Arten sind sogar dazu imstande, mit ihren Dornen die menschliche Haut zu durchdringen und ihrem unachtsamen Pfleger kleine, blutende Verletzungen zuzufügen. Dabei stellt nicht das Vorhandensein der Dornen selbst, sondern

Während der ersten Tage gleichen frisch geschlüpfte Nymphen von *Phyllium philippinicum* in ihrer Färbung einer Ameise
Foto: A. Esch

Nymphen von *Extatosoma tiaratum* tarnen sich bis zu ihrer ersten Häutung ebenfalls als Ameise
Foto: A. Esch

Die ungewöhnliche „Tarntracht" von *Anisomorpha paromalus*
Foto: A. Esch

Abwehrverhalten

Typische Drohhaltung vieler bedornter Phasmiden
Foto: A. Esch

das Zusammenschlagen der Schenkel das aktive Abwehrverhalten dar. Selbst Spezies ohne derartige Dornen, wie beispielsweise *Aretaon* spp., klappen ihre Hinterschenkel zur Verteidigung zusammen.

Die meisten Phasmiden können zudem in eine Starre verfallen, wenn sie sich bedroht fühlen. Dabei strecken sie ihren Körper komplett und legen die Beine eng an den Körper. Die Tiere zeigen in dieser Phase keinerlei Lebenszeichen, selbst wenn man sie in die Hand nimmt und bewegt. Es kann sogar einige Stunden dauern, bis dieser scheinbare Todeszustand (Thanatose) wieder aufgehoben wird.

Einige Arten verhalten sich auch genau gegensätzlich und spreizen bei Bedrohung Beine und Flügel so weit wie möglich vom Körper ab. Dadurch wirken sie erstens größer, zweitens sind bei diesen Arten die Flügelinnenseiten oftmals grell gefärbt, wodurch ein Feind irritiert und verunsichert wird.

Ein weiterer sekundärer Schutzmechanismus ist die bereits erwähnte Fähigkeit zur Autotomie. Dabei werfen die Phasmiden ein Bein ab, das dann noch für einen kurzen Zeitraum zuckt. Durch dieses Ablenkungsmanöver kann das Tier dem potenziellen Feind entkommen. Dieses Abwerfen von Gliedmaßen kann vom Insekt gesteuert werden.

Ich beobachtete auch schon, wie eine frisch geschlüpfte *Extatosoma*-Nymphe ihre beiden Vorderbeine, die während des Schlupfvorgangs anscheinend gequetscht worden und daher unbrauchbar waren, aktiv abwarf. Danach war sie als vierbeiniges Tier sichtlich agiler als zuvor mit den beiden nicht funktionierenden Beinen.

Schließlich sei noch erwähnt, dass einige Phasmiden auch zum Stridulieren mit ihren Fühlern (*Phyllium* spp.) oder zur Geräuscherzeugung mit ihren Flügeln fähig sind (*Heteropteryx* spp.). Die Stridulation wird vom menschlichen Ohr jedoch meist nicht wahrgenommen.

Abgesehen von ihren verschiedenartigen Verhaltensmustern zur Abwehr von Feinden sind die meist nachtaktiven Phasmiden ruhige und gemächliche Tiere. Tagsüber hängen sie oft zwischen den Zweigen ihrer Futterpflanzen und wackeln höchstens bei aufkommendem Wind etwas hin und her. Dies unterstützt die Tarnung, da so der Eindruck durch Wind bewegter Blätter und Äste vermittelt wird. Man vermutet aber, dass dieses „Wackeln" auch dem optischen Anvisieren von Strukturen bei der Fortbewegung oder der Verdauungsförderung dienen könnte.

Es gibt es allerdings auch hier Ausnahmen, bei denen art- oder individuenspezifisch Exemplare tagsüber aktiv sind, fressen oder kopulieren.

Verbreitung

Die meisten Phasmiden leben in tropischen und subtropischen Regionen. Man findet sie vor allem in Südostasien, Neuguinea, Ozeanien, Australien sowie auf dem gesamten amerikanischen Doppelkontinent. Auch in Afrika und Europa sind einige Arten beheimatet, obwohl sich hier ihre Vielfalt im Vergleich zu den anderen Regionen in Grenzen hält. Eine große Artenfülle existiert besonders in den Regenwäldern Südostasiens und speziell auf der Insel Borneo.

In ihrem jeweiligen Verbreitungsareal sind die Phasmiden meist in der Baum- und Strauchregionen anzutreffen. Dort sitzen sie entweder direkt an oder unter ihren Futterpflanzen oder halten sich in nahen Verstecken auf. Dabei kommen sie vom Meeresspiegel bis hoch auf 5.000 m ü. NN vor und bewohnen die unterschiedlichsten Habitate.

Die wenigen Arten, die man in den gemäßigten Regionen Europas antrifft, sind Angehörige der Gattungen *Bacillus*, *Clonopsis* und *Leptynia*. Die beiden erstgenannten Gattungen sind hier mit jeweils nur einer Art vertreten – *Bacillus rossius* und *Clonopsis gallica* –, die Gattung *Leptynia* dagegen mit vier Spezies. Während *B. rossius* im nahezu gesamten Mittelmeerraum vom Balkan bis nach Spanien nachzuweisen ist, sind die anderen Arten auf den westlichen Bereich begrenzt. *Clonopsis gallica* und *Leptynia hispanica* sind in Spanien und Südfrankreich zu finden, die anderen drei Arten der Gattung *Leptynia* hingegen nur auf der Iberischen Halbinsel.

Der nördlichste Verbreitungspunkt der Phasmiden liegt in Großbritannien. Dort gibt es seit 1909 bestätigte Populationen von drei ursprünglich neuseeländischen Stabschreckenarten. Diese wurden wahrscheinlich

Lebensraum von Phasmiden im peruanischen Regenwald
Foto: M. Höhle

Verbreitung

Mikrohabitate von Phasmiden im peruanischen Regenwald
Fotos: M. Höhle

1907 mit importierten Pflanzen in die Gärten gebracht und konnten sich dort erfolgreich vermehren. Die Populationen leben auf den Scilly-Inseln, die für ihr subtropisches Klima bekannt sind und somit eine Sonderstellung in ihrer geografischen Lage einnehmen.

Einige dieser Tiere haben es jedoch auch auf das britische Festland geschafft und dort in der Gegend um Cornwall kleine, aber anscheinend dauerhaft existierende Populationen gebildet.

Außer diesen drei von dort bekannten Arten werden auch immer wieder Kolonien der Stabschrecke *Carausius morosus* entdeckt. Dabei handelt es sich aber immer um ausgesetzte Tiere oder Exemplare, die aus Eiern geschlüpft sind, die versehentlich ins Freiland verbracht wurden. In der Regel überstehen diese kleinen Kolonien jedoch den Winter nicht.

Dieses Phänomen gibt es sicherlich nicht nur in Großbritannien, sondern es dürfte überall dort vorkommen, wo Phasmiden gehalten werden.

Im Süden der USA ist beispielsweise *Extatosoma tiaratum* sogar inzwischen zu einem Schädling geworden. Das hat zur Folge, dass die Haltung dieser Phasmiden und anderer bestimmter Wirbelloser nur noch mit Genehmigung möglich ist. Aber auch in ihren natürlichen Verbreitungsgebieten kann es durch Massenauftreten einer Art zu starken Schädigungen der Fauna kommen.

Neben der bereits angesprochenen Art *Carausius morosus* gibt es auch andere, wie z. B. *Ramulus artemis*, deren Eier bei uns einen milden Winter theoretisch überstehen und im Frühling schlüpfen könnten. Bisher sind zwar noch keine Populationen bekannt geworden, die sich angesiedelt und auch den Winter überstanden hätten, aber dennoch besteht die Möglichkeit dazu. Die Auswirkungen einer solchen Stabschreckenpopulation auf die heimische Umwelt sind schwierig abzuschätzen. Man sollte daher äußerst umsichtig sein, wenn man Gelege, Substrat oder alte Futterpflanzen entsorgt, um nicht versehentlich Eier oder bereits geschlüpfte Exemplare ins Freie zu bringen. Nicht gewünschte und überzählige Eier zerstört man am besten durch Zerdrücken oder Tiefkühlen.

Neben zu massenhafter Vermehrung neigenden Phasmiden, die oft auch ein großes Gebiet besiedeln, gibt es auch Arten, die in ihrem natürlichen Habitat äußerst selten sind. So kommt beispielsweise *Peruphasma schultei* offenbar nur in einem 5 Hektar großen Gebiet in Peru vor. Eine noch größere Rarität bildet der Baumhummer (*Dryococelus australis*) – diese Art galt seit 1986 als verschollen oder gar ausgestorben. Erst im Jahr 2001 wurde von australischen Forschern eine kleine Population von rund 20 Exemplaren auf einer abgelegenen Insel entdeckt. Durch ein Nachzuchtprogramm im Zoo von Melbourne will man diesen Bestand nun sichern.

Haltung im Terrarium

Die Haltung von Phasmiden im Terrarium ist im Grunde recht einfach. Natürlich gibt es auch in dieser Tiergruppe Arten, die spezielle Anforderungen stellen. Die meisten momentan gehaltenen Spezies sind jedoch recht genügsam.

> Verallgemeinert gesagt benötigen Phasmiden die folgenden Voraussetzungen, um sich wohlzufühlen:
>
> - genügend Platz zum Bewegen und für die Häutung
> - Raumtemperatur oder teils Werte leicht darüber (ungefähr 20–25 °C)
> - eine Lichtquelle (trotz Nachtaktivität)
> - eine angemessene Luftfeuchtigkeit
> - Futter

Eine Angabe zu den Platzbedürfnissen kann immer nur artbezogen erfolgen. Neben der maximalen Größe der Tiere ist zur Beurteilung auch wichtig, wo sich diese aufhalten und welchen Teil des Terrariums sie ausnutzen. Zudem sollte auch die mögliche oder gewünschte Besatzdichte bedacht werden. Genauere Angaben für die Berechnung geeigneter Beckengrößen sowie zu Art und Einrichtung des Terrariums finden Sie im Kapitel „Das Terrarium und seine Einrichtung" ab S. 37.

Die benötigten Temperatur- und Feuchtigkeitswerte sind ebenfalls artspezifisch unterschiedlich. Dennoch ist es möglich, einen ungefähren Bereich anzugeben.

Für viele Phasmiden liegt dieser zwischen 20 und 25 °C, also grob gesagt bei Zimmertemperatur. Es gibt einige Arten, die auch eine kurzfristige Absenkung bis auf 16 °C tolerieren, dies ist jedoch nicht förderlich für die Gesundheit und Entwicklung der Tiere. Auch zu hohe Temperaturen wirken schädlich. Selbst wärmeliebende Arten vertragen meist nicht über 30–35 °C.

Im Zusammenhang mit der Temperatur steht auch meist die Frage nach der Beleuchtung. Zunächst sollte festgehalten werden, dass Phasmiden – im Gegensatz etwa zu vielen Reptilien – keine UV-Strahlung benötigen und auch ansonsten keine großen Anforderungen an das Lichtspektrum stellen. Zimmerhelligkeit in einem durchschnittlich beleuchteten Raum ist meist vollkommen ausreichend. Die Tiere sind fast ausschließlich nachtaktiv. Die Beleuchtung ist also nur wichtig, um den natürlichen Tag-Nacht-Rhythmus zu steuern, und dafür genügt meist das durchs Fenster einfallende Licht.

Es sollte jedoch darauf geachtet werden, dass das Terrarium nicht direkt an einem Fenster steht und direkter Sonneneinstrahlung ausgesetzt ist. Durch die einfallenden Sonnenstrahlen heizt sich das Terrarium ansonsten zu sehr auf. Stattdessen sollte das Terrarium so platziert werden, dass es zwar ausreichend Licht bekommt, aber keine Sonnenstrahlen.

Sollte es in dem Raum oder dem Terrarium zu dunkel sein, bietet es sich an, einen Strahler über dem Becken anzubringen. Es braucht keine besondere Lampe aus dem Terraristik-Fachhandel zu sein, sondern eine normale Glühbirne, Energiesparlampe oder LED-Beleuchtung sind vollkommen ausreichend. Da durch diese Beleuchtung je nach Leuchtmittel aber auch Wärme an das Terrarium abgegeben wird, muss man Temperatur und Feuchtigkeit im Becken aufmerksam kontrollieren. Selbst wenn die Temperatur durch die zusätzliche Wärme nicht zu hoch ansteigt, verringert sich die Feuchtigkeit unter Umständen zu stark. LED-Leuchten geben jedoch praktisch keine Wärme ins Terrarium ab.

Haltung im Terrarium

Platzsparender Aufbau verschiedener Terrarien
Foto: A. Esch

Ein weiterer Vorteil einer über dem Terrarium aufgestellten Lampe besteht darin, dass man beim Wechseln der Futterpflanzen und beim Reinigen genügend Licht zur Verfügung hat. Auch die Suche nach den Nymphen wird durch ausreichende Helligkeit erleichtert. Möchte man die meist stärker nachtaktiven Tiere auch in der Dunkelheit beobachten, empfiehlt sich der Einsatz einer schwachen roten Leuchte. Phasmiden können wie viele andere Insekten kein rotes Licht wahrnehmen und gehen daher ihrem gewohnten nächtlichen Verhalten auch bei dieser Art der Beleuchtung nach.

Es gibt zwar auch Arten, die aus trockenen Habitaten stammen und für die eine erhöhte Luftfeuchtigkeit schädlich ist, ja sogar zum Tod führen kann. Die meisten Phasmiden sind jedoch an hohe Luftfeuchtigkeitswerte angepasst, die sie besonders während der Häutungsphasen auch im Terrarium zumindest ansatzweise benötigen. Durch Sprühen lässt sich die Luftfeuchte anheben. Daneben dient es auch dazu, Flüssigkeit zum Trinken bereitzustellen. Man kann oft beobachten, wie Phasmiden direkt nach dem Sprühen beginnen, die entstandenen Wassertropfen aufzunehmen.

Das Besprühen der Terrarieneinrichtung kann mit einem handelsüblichen Pflanzensprüher oder den speziellen Pumpsprühern aus dem Fachhandel erfolgen. Das Sprühintervall muss dabei natürlich auch an die gepflegte Art angepasst werden, jedoch ist es bei den meisten Phasmiden sinnvoll, jeden bis jeden zweiten Tag im Terrarium zu sprühen.

Oft liest man in Anleitung zu Haltung und Nachzucht genaue Angaben zur Luftfeuchtigkeit. Die Werte liegen meist zwischen 60 und 75 %, teilweise auch höher. Aufgrund eigener Erfahrungen zu Beginn meiner Phasmidenhaltung weiß ich jedoch, dass man nur schwer die Werte erreicht, die man haben möchte. Häufig macht man sich so mehr Stress als nötig, bloß weil der „falsche" Wert auf dem Hygrometer angezeigt wird. Befreundete Halter sind daher ebenso wie ich selbst der Meinung, dass solche genauen Wertangaben bei der Phasmidenpflege nicht zwingend nötig sind. Zumindest wenn es um die typischen, schon länger in Zucht befindlichen Arten geht, bekommt jeder schnell ein Gefühl für die „richtige" Luftfeuchtigkeit. Wichtig ist das Einhalten entsprechender Kontroll- und Sprühintervalle, dann stellt sich rasch auch das entsprechende Fingerspitzengefühl ein.

Vielfach wird in der Literatur oder im Internet auch geschrieben, man solle auf keinen Fall die Tiere selbst besprühen, da diese sonst verenden könnten. Bei sehr empfindlichen Arten oder auch bei einem zu hart eingestellten Strahl mag dieser Rat zutreffen. In meiner Zucht ist es jedoch noch nicht vorgekommen, dass Exemplare durch einen regenähnlichen Sprühnebel Schaden genommen hätten. Das größte Risiko ist meines Erachtens die Gefahr, dass kleine Nymphen in größeren Wassertropfen hängen bleiben können und darin ertrinken. Doch auch dies konnte ich nie beobachten, da ich in Becken mit derart kleinen Jungen die feinstmögliche Sprüheinstellung wähle.

Die Luftfeuchtigkeit wird auch durch die Wahl des Bodengrundes und des Terrarientyps beeinflusst. In einem reinen Gazeterrarium etabliert sich durch die erhöhte Luftzirkulation eine geringere Luftfeuchtigkeit als bei Glasterrarien mit kleineren Lüftungsgittern. Der jeweilige Bodengrund nimmt durch seine spezifische Eigenschaft, Wasser zu speichern, Einfluss auf die Feuchtigkeit. Eine kleine Auswahl an verschiedenen Bodengründen finden Sie später im Kapitel „Das Terrarium und seine Einrichtung" ab S. 37.

Urlaubsvertretung

Viele Arten sind robuster, als man vielleicht denkt, und überstehen teilweise auch eine 1–2 Wochen dauernde Abwesenheit des Pflegers. Entscheidend bei einer solchen Urlaubszeit ist, dass vorher für genügend frisches Futter gesorgt wurde und man direkt vor der Abfahrt noch einmal Wasser versprüht.

Jedoch gilt dies nicht für alle Phasmiden. Bei empfindlichen Arten oder Zuchtstämmen kann eine solche Abwesenheit ohne „Ferienbetreuer" zu starken Verlusten führen! Im Zweifel sollte man daher stets eine zuverlässige Vertretung in die Pflege der Tiere einweisen.

Neben Arten, die ohne besondere technische Ausrüstung gehalten werden können, gibt es jedoch auch Vertreter, deren sehr hohe Anforderungen sich nur mit dem nötigen Equipment erfüllen lassen. Bei solchen Phasmiden müssen sehr oft die Verhältnisse aus dem jeweiligen Heimatbiotop möglichst genau nachgeahmt werden, da sich diese hinsichtlich Temperatur oder Luftfeuchtigkeit zum Teil

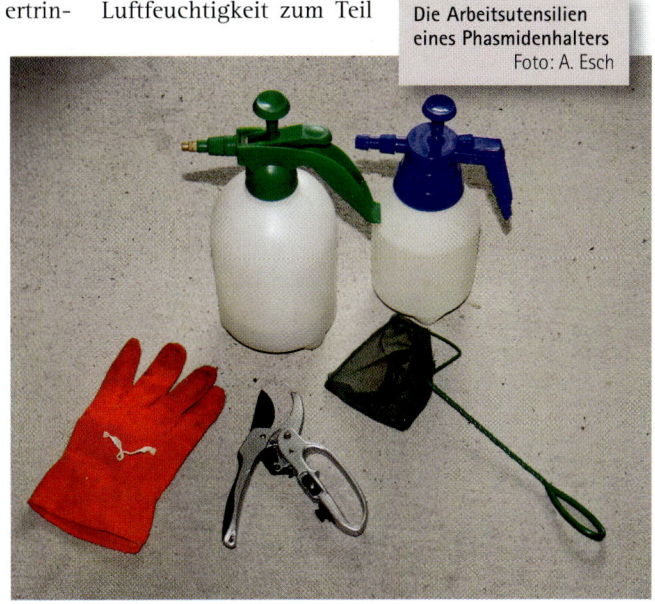

Die Arbeitsutensilien eines Phasmidenhalters
Foto: A. Esch

Haltung im Terrarium

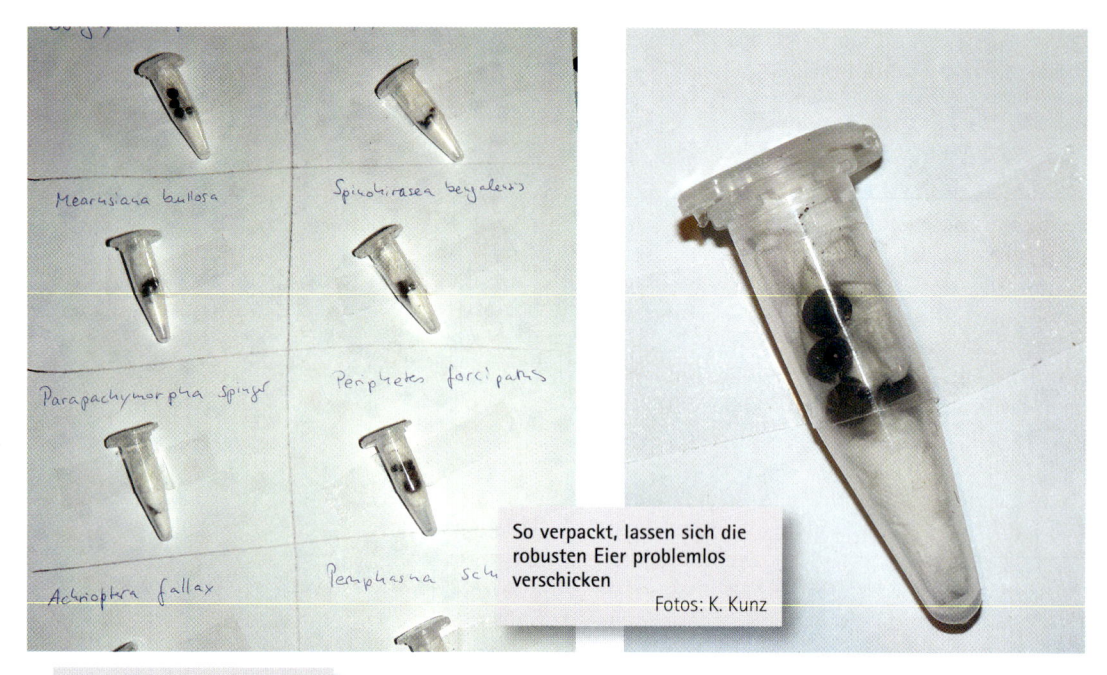

So verpackt, lassen sich die robusten Eier problemlos verschicken
Fotos: K. Kunz

Terrarium zur Haltung von Phasmiden
Fotos: A. Esch

stark von den normalen Bedingungen in Wohnräumen unterscheiden. Deshalb werden in diesem Fall technische Geräte benötigt, um die Tiere auf Dauer erfolgreich zu halten.

Oftmals sind diese Arten auch Nahrungsspezialisten, was eine weitere Herausforderung darstellt. Allerdings werden solche Spezialisten nur selten und dann meist nur von entsprechenden Fachleuten gepflegt. Diejenigen Arten, die man in Zoogeschäften oder auf Börsen vorfindet, sind in der Regel weniger anspruchsvoll.

Meistens gilt: Je länger eine Art in Zucht ist, desto weniger empfindlich wird sie. Doch auch hier gibt es Ausnahmen. Deshalb erkundigen Sie sich auf jeden Fall beim Züchter, von dem Sie die Tiere erhalten, welche Bedingungen die Phasmiden benötigen. Manchmal brauchen verschiedene Zuchtstämme derselben Art unterschiedliche Haltungsbedingungen.

Nahrung

Phasmiden ernähren sich ausschließlich phytophag, also von Pflanzen. Dabei fressen sie bevorzugt deren Blätter, verspeisen gelegentlich aber auch junge Triebe. Viele Arten sind dabei nicht an eine einzige Futterpflanzenart gebunden, sondern nehmen eine Vielzahl verschiedener Gewächse, sind also polyphag. Wie im vorangegangenen Kapitel erwähnt, gibt es jedoch auch Nahrungsspezialisten, die nur einige wenige Pflanzenarten als Nahrung akzeptieren.

Zunächst muss bei der Haltung bedacht werden, dass die Futterpflanzen, die wir den Tieren anbieten, nur eine Ersatznahrung darstellen. Zwar ist es bei einigen Arten möglich, die Pflanzen aus ihrem natürlichen Habitat zu kaufen oder selbst zu ziehen. Allerdings ist die erste Variante kostenintensiv, und für die zweite werden teilweise ein Gewächshaus und viel Zeit benötigt. Außerdem sollte man nicht vergessen, dass es sich bei den heute in den Terrarien befindlichen Populationen meist um Nachkommen von lange in Menschenobhut gehaltenen Zuchtstämmen handelt. Diese sind sozusagen bereits an die bei uns angebotenen Ersatzpflanzen angepasst. Anders verhält es sich bei Tieren, die direkt aus der Natur entnommen werden oder zur ersten Generation in Menschenobhut gehören. Hier ist es ratsam, nach Möglichkeit auch die natürliche Nahrung anzubieten, sofern diese bekannt ist.

Für die Ernährung der normalerweise gepflegten polyphagen Phasmiden kann der Halter auf eine Vielzahl heimischer Gewächse zurückgreifen. Allerdings gibt es bei den verschiedenen Arten eine unterschiedlich ausgeprägte Bereitschaft zur Annahme bestimmter Pflanzen, was besonders auf Wildfänge zutrifft.

Interessanterweise eignet sich für die meisten Phasmiden Brombeere, teilweise sogar als alleinige Futterpflanze. Etwa 90 % aller in Kultur gehaltenen Phasmidenarten nehmen diese Ersatzpflanze als Hauptfutter an. Dies ist sehr praktisch, weil man Brombeere sehr leicht findet und auch an vielen Stellen schneiden kann. Dabei sollte man natürlich nur dort Zweige entnehmen, wo dies erlaubt ist. Man findet Brombeere beinahe überall an Wald- und Feldrändern. Ein weiterer und nicht zu unterschätzender Vorteil ist, dass sie wintergrün ist.

| Himbeere | Brombeere | Erdbeere | Rose | Eiche |

Fotos: K. Kunz

Nahrung

| Rhododendron | Flieder | Efeu | Hasel |

Fotos: K. Kunz

Aber auch andere Rosengewächse wie Himbeere, Erdbeere, Rose, Feuerdorn, Weißdorn oder weitere Vertreter dieser Familie sind geeignet. Weiterhin lassen sich für einige Arten auch Buche, Birke, Eiche, Rhododendron, Liguster, Flieder, Schneebeere, Forsythie, Johanniskraut, Efeu, Hasel und Erle verwenden. Es gibt noch weitere Pflanzen, die von bestimmten Arten bereits angenommen wurden, und wahrscheinlich auch andere potenzielle Futtergewächse, die bisher nicht getestet wurden. Es schadet also nicht, andere Pflan-

| Liguster | Farn | Schneebeere |

Fotos: K. Kunz

zen auszuprobieren, weil es auch individuell unterschiedliche Nahrungsvorlieben gibt. Es sollte dann aber immer auch eine schon bekannte Futterpflanze angeboten werden, damit die Tiere nicht gezwungen sind, die neu angebotene Pflanze zu fressen.

Abwechslung bei den Futterpflanzen ist auch oft der Vitalität des Zuchtstammes förderlich, da nicht jede Pflanze alle erforderlichen Nährstoffe in ausreichendem Maße bietet. Bei vielen Arten reicht jedoch Brombeere als alleinige Futterpflanze aus.

Schwieriger wird es mit Nahrungsspezialisten. *Peruphasma schultei* etwa frisst beispielsweise in ihrem natürlichen Verbreitungsgebiet nur die Blätter eines dort vorkommenden Pfefferbaums. In der Zucht konnte man ihr bisher erfolgreich Liguster und Schneebeere anbieten. Auch Forsythie und Flieder werden gelegentlich angenommen.

Andere Arten, wie beispielsweise *Eurycnema goliath* aus Australien, sind auch in Menschenobhut auf ihre natürliche Nahrungsquelle angewiesen, in diesem Fall Eukalyptus.

Eine besondere Spezialisierung weist auch *Oreophoetes peruana* auf. Diese Phasmide frisst ausschließlich Farnblätter. Sie trägt daher auch den passenden deutschen Namen Farnschrecke. Daneben gibt es auch andere Arten, die zumindest teilweise Farn als Futter annehmen. Zum Glück werden im Terrarium neben exotischen Farnen aus dem natürlichen Verbreitungsgebiet auch einheimische Arten nicht verschmäht.

Bei den einzelnen Artenporträts finden Sie die gängigen Futterpflanzen angegeben.

Die Beschaffung von Zweigen der meisten Pflanzen kann kostenlos in der Natur an Wegrändern, aber auch im heimischen Garten geschehen. Bei einigen ausgefallenen Pflanzen bietet sich die Aufzucht durch Samen oder Ableger an. Manche werden sogar als normale Zimmerpflanzen angeboten, wie z. B. Rhododendron, oder als Schnittgrün beim Floristen, z. B. Eukalyptus.

> **Tipp**
>
> Wer ganz sicher gehen möchte, dass keine Nymphen im Wasser mit den Futterzweigen ertrinken, dem empfehle ich, die Deckel der Gläser mit Löchern zu versehen, durch die die Zweige passen. Auf diese Weise ist es ausgeschlossen, dass eine Nymphe ins Wasser fallen kann.

Sammelt man Futterzweige an Feldrändern, so sollte man die Blätter vorher gründlich abwaschen, um eventuell anhaftende Pestizide, sonstige Schadstoffe oder Dünger zu entfernen. Dies gilt auch bei gekauften Pflanzen, die behandelt worden sein könnten, sie sollten daher gründlich abgewaschen und eventuell sogar umgetopft werden.

Weiterhin sollten die Zweige auch auf andere Wirbellose untersucht werden. Besonders Spinnen, die mit den Zweigen ins Terrarium gebracht werden, können unter Umständen Nymphen erbeuten.

Am besten stellt man die frisch geschnittenen Zweige in ein Glas Wasser ins Terrarium. Dann bleiben sie je nach Pflanze und Fraßaktivität der Tiere 1–2 Wochen frisch. Gut eignen sich Gläser von Fertigsoßen, Marmeladen oder Würstchen.

> **Tipp**
>
> Einige Halter empfehlen, das Wasser, in dem die Futterpflanzen stehen, täglich zu wechseln. Dies sei besonders bei der Haltung von Phyllium-Arten wichtig, weil vor allem die Nymphen sehr empfindlich auf mögliche Bitterstoffe reagierten. Es stimmt zwar, dass Bitterstoffe über das Wasserleitungssystem der Pflanze in die Blätter der Futterzweige gelangen, allerdings geschieht dies erst, wenn das Wasser abgestanden ist und modrig wird. Bei vielen Arten oder Zuchtstämmen ist es jedoch völlig ausreichend, das Wasser zu wechseln, sobald das alte beginnt, abgestanden zu riechen und faulig zu werden. Oft fällt dies mit dem Austausch der Futterpflanzen zusammen, bei dem ohnehin immer neues Wasser verwendet werden sollte.

Viele Halter machen sich Gedanken, wie man das Glas um die Zweige herum am besten verschließen kann, damit keine Tiere ertrinken. Ich habe anfangs diese Öffnungen mit Watte verstopft. Allerdings sieht dies bereits nach kurzer Zeit unschön aus, da sich die Watte mit Wasser vollsaugt und durch den herabfallenden Kot der Tiere schnell verunreinigt wird. Mittlerweile belasse ich die Öffnungen so, wie sie sind. Nach meinen Erfahrungen kommt es nur sehr, sehr selten dazu, dass eine Nymphe in das Glas fällt und ertrinkt. Ich konnte sogar einmal beobachten, wie eine kleine *Ramulus*-Nymphe den Stängel herunter bis zur Wasseroberfläche lief. Dort bemerkte sie dann mithilfe ihrer Fühler das Wasser, woraufhin sie sich umdrehte und wieder hochlief.

Wenn man ein Glas mit nicht zu breiter Öffnung verwendet, existiert auch so gut wie kein Zwischenraum zwischen den Stängeln der Zweige, durch den eine Nymphe fallen könnte. Besonders bei Brombeerstängeln bilden die untersten Blätter mit den Dornen einen fast undurchdringlichen Schutzwall.

Beim Wechsel der Futterranken sollte man sich immer Zeit nehmen und sorgsam darauf achten, dass kein Tier mit den alten Zweigen weggeworfen wird. Bei mir hat es sich bewährt, die Tiere zuerst aus dem Terrarium zu fangen und in eine Faunabox oder einen ähnlichen Behälter zu überführen. Dann kann man in Ruhe die Pflanzen auswechseln und das Terrarium säubern. Natürlich muss man teilweise sehr vorsichtig mit den Tieren hantieren, besonders bei Arten, die schnell zum Abwerfen eines Beines neigen.

Die Äste sollten nach dem Herausnehmen nochmals gründlich abgesucht werden, besonders wenn sich Nymphen in dem Terrarium befanden. Diese schmiegen sich nämlich teilweise so eng an die Zweige oder Blätter, dass sie durch ihre geringe Größe leicht übersehen werden können.

Es empfiehlt sich auch, eine Liste über die aktuell im Terrarium befindlichen Tiere inklusive Jungtiere anzufertigen, um besser kontrollieren zu können, ob vielleicht ein Exemplar fehlt.

Extatosoma tiaratum lässt sich mit verschiedenen Rosengewächsen wie Brombeere, Rose und Wildrosen ernähren
Foto: Hemera /Thinkstock

Inkubation der Eier

Sobald die Tiere die Geschlechtsreife erlangt und sich gegebenenfalls gepaart haben, findet man alsbald die ersten Eier im Terrarium vor. Die Inkubation von Phasmideneiern ist lange nicht so kompliziert wie beispielsweise bei Reptilien oder Amphibien. Im Grunde handelt es sich nicht einmal um eine Inkubation im eigentlichen Sinne, da man die Eier gewöhnlich einfach nur einsammelt und feucht hält – eine extra Wärmezufuhr benötigen sie dagegen nicht. Im Gegenteil: Eine andauernde, gleich bleibende Wärme kann bei einigen Arten, die in den gemäßigten Regionen beheimatet sind, sogar dazu führen, dass sich die Embryonen nicht entwickeln.

Wenn also im weiteren Text die Begriffe „Inkubieren" oder „Bebrüten" verwenden werden, ist damit lediglich die kontrollierte Zeitigung der Eier gemeint.

Viele Eier entwickeln sich auch wunderbar im Terrarium bei den Elterntieren und bedürfen eigentlich keiner speziellen Behandlung. Doch ein paar Grundlagen zur erfolgreichen Handhabung der Eier sollen hier dennoch erläutert werden. Vorweg sei aber gesagt, dass die genauen Bedingungen wie Feuchtigkeit und Temperatur zur erfolgreichen Zeitigung jeweils artspezifisch sind. Diese entnehmen Sie bitte direkt den Artporträts oder erfragen sie direkt bei dem Züchter, von dem Sie die Tiere oder Eier erwerben.

Da Phasmiden ihre Eier auf verschiedene Art und Weise ablegen, gibt es auch einige Unterschiede in ihrer Handhabung. Wichtig ist dabei auch der Bodengrund. Hat man sich beispielsweise für Erde oder ein ähnliches Substrat entschieden, wird man die Eier nur schwer finden. Zudem kann man diesen Bodengrund auch nicht bei jedem Futterwechsel nach Eiern durchsuchen oder reinigen. Daher sollte man sich in diesem Fall dazu entscheiden, die Eier im Terrarium zu zeitigen. Anders gestaltet es sich dagegen bei einem Substrat wie feinem Sand. Dieser wird zum Säubern durchsiebt, und anschließend kann man die Eier von den Resten trennen und separat inkubieren.

Zu Beginn meiner Zucht habe ich die Eier herausgesammelt und wie unten beschrieben in kleinen Dosen inkubiert. Inzwischen bin ich u. a. aufgrund des leicht geringeren Aufwandes dazu übergegangen, sie im mit Erde als Bodengrund ausgetatteten Terrarium zu belassen. Mit beiden Varianten konnte ich gute Erfahrungen sammeln.

Um herausgesammelten Eiern auch die

Säuberung des Bodengrundes mit einem Aquariensieb
Foto: A. Esch

nötige Feuchtigkeit zukommen zu lassen, können verschiedene Zeitigungssubstrate verwendet werden. Einige Halter verwenden beispielsweise Erde, Vermiculit, Küchenpapier oder auch Waschlappen. Jeder dafür verwendete Untergrund hat natürlich seine Vor- und Nachteile. Küchenpapier oder ähnliche Materialien sind einfach zu wechseln, wenn Verunreinigungen oder gar Schimmel entstehen. Dafür halten sie aber mitunter die Feuchtigkeit nicht lange genug, sodass häufiger gesprüht werden muss. Bei der Verwendung von feinem Kokoshumus besteht im Vergleich zu Erde nur eine sehr geringe Schimmelgefahr. Außerdem hält es besser die Feuchtigkeit, und ein zu starkes Austrocknen der Eier kann so verhindert werden.

Letztlich sind aber alle genannten Materialien für die Inkubation von Phasmiden-Eiern geeignet, sodass jeder Halter seine eigene Wahl treffen kann.

Unabhängig vom gewählten Substrat sollten die Eier in einer Box aufbewahrt werden, die eine ausreichende Luftzirkulation ermöglicht, wobei die Lüftungslöcher nicht so groß sein dürfen, dass die schlüpfenden Nymphen entkommen können.

Eine bewährte Möglichkeit ist es, eine oder mehrere kleine Boxen mitsamt den Eiern in eine zweite, größere Box zu stellen, die über Lüftungsflächen verfügt.

Alternativ kann man auch den Deckel derjenigen Dose, die Eier enthält, durch engmaschiges Fliegengitter oder Gaze ersetzen.

Die Behälter sollten täglich kontrolliert werden. Je nach Bedarf wird das Substrat dann auch besprüht, oder man überführt geschlüpfte Nymphen ins Terrarium. Da die Eier bei ähnlichen Temperaturen gezeitigt werden sollten, wie sie im Terrarium der Elterntiere herrschen, empfiehlt es sich, den Brutbehälter direkt im Terrarium oder in dessen unmittelbarer Nähe zu platzieren. Wenn die Zeitigung erfolgreich verläuft, schlüpfen die Nymphen je nach Art nach 2–12 Monaten.

Die beschriebenen Zeitigungsmethoden gelten natürlich nur für diejenigen Eier, die weggeschleudert, fallen gelassen oder eingegraben werden. Bei Arten, die ihre Eier ankleben oder anderweitig an Gegenständen befestigen, empfiehlt sich meist eine Bebrütung im Terrarium. Oftmals zerbrechen die Eier nämlich bei dem Versuch, sie zu entfernen. Sind die Eier dagegen an herausnehmbaren Strukturen befestigt, lassen sie sich im Prinzip wie oben beschrieben separat zeitigen. Möchte man die entsprechende Art erfolgreich nachziehen, sollte man genügend Möglichkeiten zur Eiablage in der Terrarieneinrichtung anbieten.

Eier von *Parapachymorpha spiniger*
Foto: K. Kunz

Das Terrarium und seine Einrichtung

Vor der Anschaffung eines neuen Tieres stellt sich auch immer die Frage, wie es artgerecht untergebracht werden kann. Welche Art von Terrarium benötige ich und wie groß muss dieses sein? Sind entsprechende technische Hilfsmittel wie Beleuchtung und Heizung nötig? Wie muss das Terrarium eingerichtet sein? Was benötigt die Art an Innenausstattung und was stört sie womöglich?

Nun sind die meisten Phasmiden hinsichtlich ihrer Haltung nicht besonders anspruchsvoll. Im Grunde reichen ein genügend großer Behälter sowie ausreichend Futter bereits aus. Dabei ist die Haltung von Phasmiden, anders als bei anderen Tieren, nicht zwingend an ein teures Terrarium mit aufwendiger Ausstattung gebunden. Vielmehr können diese Insekten in verschiedenen Behältern gepflegt werden. Glas-, Gaze- und Kunststoffterrarien sowie auch abgedeckte Aquarien eignen sich. Zusätzlich kann man auch kleine Fensterbankgewächshäuser oder transparente Aufbewahrungsboxen verwenden. Solange der Behälter über ausreichend große Lüftungsflächen verfügt, ist nahezu jegliche Variante geeignet. Allerdings sind viele solcher Behältnisse eher für eine Zucht als für die optisch ansprechende Hobbyhaltung geeignet, weil man durch sie die Tiere meist nicht so gut sehen kann. Für ein ungetrübtes Beobachtungserlebnis empfehlen sich daher ein Glasterrarium oder ein Becken mit zumindest einer transparenten Frontscheibe.

Die wichtigste Anforderung, die Phasmiden an das Terrarium stellen, ist die Höhe. Hierbei dürfen auch keine Kompromisse gemacht werden, da die Tiere den Platz für ihre Häutung benötigen. Daher sollte folgende Berechnungs-

Mit Klettermöglichkeiten, Versteckplätzen und Futterpflanzen eingerichtetes Terrarium für Phasmiden
Foto: A. Esch

formel für die Terrarienhöhe beachtet werden: Die Mindesthöhe des Terrariums entspricht der dreifachen Körperlänge eines ausgewachsenen Exemplars der jeweiligen Art.

Für die Größe der Grundfläche gilt, dass die Seitenlängen mindestens der doppelten Länge eines adulten Tieres entsprechen sollten.

Durch diese Mindestgröße ist gewährleistet, dass die Tiere sich erfolgreich häuten können und auch genügend Bewegungsmöglichkeit haben. Für 1–2 Pärchen *Trachyaretaon carmelae*, die als adulte Tiere eine Körpergröße von ungefähr 13 cm aufweisen, sollte das Terrarium also mindestens eine Bodenfläche von 25 × 25 bis 30 × 30 cm sowie eine Höhe von 40 cm aufweisen. Bei kleineren Arten wie *Aretaon asperrimus* reicht theoretisch sogar eine Höhe von 30 cm aus. Ein Terrarium mit einer Höhe von unter 30 cm ist für die meisten Arten maximal zur Aufzucht der ersten Nymphenstadien geeignet.

Zudem ist das Einbringen der nötigen Futterpflanzen in einem höheren (größeren) Terrarium einfacher, weil große Äste ohne weitere Bearbeitung genutzt werden können.

Natürlich muss man sich vorher auch überlegen, wie viele Exemplare welcher Art man gerne halten möchte. Phasmiden sind in der Regel gut zu vergesellschaften, und schnell entdeckt man kompatible, attraktive neue Arten. Daher empfiehlt es sich, gleich ein ausreichend dimensioniertes Terrarium anzuschaffen.

Die verschiedenen Arten benötigen auch unterschiedlich viel Raum im Terrarium. *Aretaon* spp. oder *Eurycantha* spp. verbringen die Tage meist flach an Rückwänden oder in angebotenen Versteckmöglichkeiten. Nachts bleiben sie meist am Boden oder in der Nähe der Rückwand und klettern nur selten auf Äste. Im Gegensatz dazu halten sich beispielsweise *Extatosoma tiaratum* oder Arten der Gattung *Phyllium* so gut wie immer an den Ästen und Blättern auf. Diesen unterschiedlichen Raumnutzungen muss auch bei einer Vergesellschaftung Rechnung getragen werden. Gut geeignete Terrarien, mit denen man in die Phasmidenhaltung einsteigen kann, weisen beispielsweise eine Größe von 30 × 30 × 40 cm oder besser 40 × 40 × 60 cm (L × B × H) auf. Hierin lassen sich bereits mehrere Tiere – die genaue Anzahl ist abhängig von der jeweiligen Art – halten und erfolgreich bis zum adulten Tier heranziehen.

Meist vermehrt sich die Anzahl der Terrarien sehr schnell nach dem ersten Erwerb der ersten Art. Man sieht dann neue Phasmiden, die man gerne halten möchte, oder hat die ersten Nachzuchten, die es artgerecht unterzubringen gilt.

Besonders mit Nachzuchten sollte man schon von Beginn an planen. Möchte man die Entwicklung der kleinen Nymphen genau beobachten, sollten sie am besten in ein eigenes, kleineres Terrarium gesetzt werden.

Für ein solches reines Aufzuchtbecken gilt auch nicht zwingend die oben genannte Größenregelung, solange man nicht plant, die Tiere dort bis zum adulten Stadium zu halten. Natürlich müssen die Maße ausreichen, den Nymphen artgerechte Bedingungen und genügend Platz für ihre Häutungen zu bieten, aber das ist angesichts der geringen Größe der Tiere leicht zu bewerkstelligen.

Bei den meisten Arten ist es wahrscheinlich, dass die Elterntiere sterben, bevor die Nachzuchten adult werden. So wird im Normalfall das große Hauptterrarium wieder frei, bevor die Kleinen mehr Platz zur Häutung benötigen – sie können dann einfach umgesetzt werden. Die Ausnahme bilden einige Stabschrecken, die eine sehr kurze Entwicklungszeit vom Ei zur Imago durchlaufen. Solange man sich damit jedoch im Vornherein auseinandersetzt, kommt es nicht zu unerwarteten Überraschungen.

Ein Vorteil von Phasmiden ist, dass sie sich selbst dann gut als Haustiere halten lassen, wenn man nur wenig Platz hat. Dadurch, dass die Grundfläche weniger bedeutend ist als die Höhe, kann man auch bei kleinem Stellplatz einigen Arten ein gutes Heim bieten. Im Handel oder auf Terraristikbörsen sind verschiedene Modelle erhältlich. Man kann sich auch nach eigenen Wünschen ein Terrarium anfertigen lassen oder es selbst bauen.

Wichtig ist eine ausreichende Belüftung. Bei Glasterrarien sollte man nur Modelle mit zwei Lüftungsflächen kaufen. Diese befinden sich meist standardmäßig im Deckel, nahe der Rückwand, und vorne, unter den Türen. Dadurch wird in aller Regel ein ausreichender Luftaustausch gewährleistet, und es entsteht keine Staunässe.

Bei Arten, die aus sehr trockenen Habitaten stammen, wie beispielsweise *Eurycnema goliath*, empfiehlt sich sogar ein reiner Gazekäfig. Darin hält sich durch die starke Belüftung nur eine geringe Luftfeuchtigkeit.

Weiterhin empfiehlt es sich, eine große Öffnung an der Vorderseite des Terrariums zu haben, um die Futterpflanzen problemlos auswechseln und Reinigungsarbeiten durchführen zu können. Ein abnehmbarer Deckel, beispielsweise bei einem Aquarium, bringt oftmals das Problem mit sich, dass sich die Tiere besonders gerne darunter aufhalten und beim Anheben leicht aus dem Terrarium entweichen können.

Hat man sich nun ein Terrarium ausgesucht, das allen Anforderungen der Tiere entspricht, muss es noch artgerecht eingerichtet werden. Hierfür bieten sich generell zwei Möglichkeiten an. Man kann das Terrarium „steril" einrichten und minimalistisch betreiben. In diesem Fall verzichtet man auf ein Bodensubstrat oder verwendet hierfür maximal Küchenpapier. Ansonsten besteht die Einrichtung lediglich aus den Futterranken. Eine solche Ausstattung eignet sich gut, um die Tiere genau zu beobachten, z. B. für Studien oder während der Quarantänezeit. Es lässt sich schnell und einfach reinigen, allerdings muss hier häufiger die Luftfeuchtigkeit überprüft werden. Durch den fehlenden Bodengrund hält sich die Feuchtigkeit schlechter, und es muss häufiger gesprüht werden.

Beispiel für die Terrarieneinrichtung
Foto: A. Esch

Ein solch minimal ausgestattetes Terrarium ist allerdings nicht besonders ansehnlich. Schöner ist eine naturnähere Einrichtung mit Bodengrund, zusätzlichen Kletterästen und je nach Wunsch verkleideten Rück- und Seitenwänden. Auch Wurzel- oder Rindenstücke sind für einige Arten, wie beispielsweise *Aretaon asperrimus*, gute und notwendige Versteckmöglichkeiten und sehen im Terrarium zusätzlich noch gut aus.

Eine weitere Gestaltung des Terrariums, z. B. mit Steinaufbauten oder anderen dekorativen Elementen, bleibt dem Geschmack des Pflegers überlassen. Wichtig ist nur, dass die Bewegungsfreiheit der Tiere nicht eingeschränkt wird und keine Plastikpflanzen Verwendung finden. Denn diese werden von den Tieren als Futter angesehen und angefressen, was dann zu ihrem Tod führen kann. Auch die Dekoration mit anderen Pflanzen, z. B. mit Epiphyten wie Bromelien oder Tillandsien, ist nicht immer empfehlenswert. Bei einigen Arten ist es theoretisch zwar möglich, sie ins Terrarium einzusetzen, jedoch kann keine Garantie gegeben werden, dass sie nicht doch von den Tieren angefressen werden. Im günstigsten Fall sind die Pflanzen dann einfach nur angeknabbert, und man müsste sich Ersatz besorgen, im schlechtesten Fall vertragen die Tiere diese Kost jedoch nicht und sterben daran.

Bei der Wahl des Bodengrundes kommen verschiedene Substrate in Betracht. Ich möchte hier auf die zwei am häufigsten verwendeten Möglichkeiten eingehen und kurz die Vor- und Nachteile aufführen. Die erste Variante stellt Erde dar, was meist auch dem natürlichen Umfeld entspricht. Dabei sollte es sich möglichst um ungedüngte Blumenerde oder Waldboden handeln. Eine Abwandlung ist noch durch die Verwendung von Torf (aus Naturschutzgründen jedoch nicht zu empfehlen) oder Humus möglich. Der Vorteil ist neben dem natürlichen Aussehen die Tatsache, dass Erde die Feuchtigkeit hält. Nachteilig ist jedoch die erhöhte Gefahr von Schimmelbildung. Dieser kann man zwar durch das Einbringen von Springschwänzen und Asseln entgegenwirken, allerdings hat man keine Garantie, dass Pilzbefall komplett verhindert werden kann. Außerdem sind die Eier in solch einem Bodengrund nur sehr schwer zu finden und man hat weniger Kontrolle über mögliche Nachzuchten.

Die andere häufig benutzte Variante stellt Sand dar. Am besten eignet sich hier feiner Vogelsand, da er leicht mit einem Aquariennetz durchgesiebt und gereinigt werden kann. Die meisten Verunreinigungen sowie die Eier bleiben im Netz, während der Sand durchrieselt. Dadurch können die Eier heraussortiert und gezielt zur Zeitigung untergebracht werden. Der Nachteil von Sand ist die schlechtere Speicherfähigkeit von Feuchtigkeit.

Im Endeffekt muss jeder selbst entscheiden, welche Anforderungen er an den Bodengrund stellt und welche Variante er letztlich wählt.

Ein wahrer Hingucker: *Necroscia annulipes*
Foto: iStockphoto/Thinkstock

Vergesellschaftung

Eine häufig gestellte Frage im Zusammenhang mit der Haltung von Phasmiden ist die nach der Möglichkeit einer Vergesellschaftung. Dies meint zum einen die gemeinsame Pflege zweier oder mehrerer Phasmidenarten, zum anderen die Vergesellschaftung einer Phasmide mit anderen Tiergruppen.

Zunächst sei angemerkt, dass Phasmiden generell durch ihre friedliche Natur gut für eine Vergesellschaftung geeignet sind. Sie sind zwar auf der einen Seite keine geselligen Tiere, die auf Artgenossen angewiesen wären (außer natürlich in den meisten Fällen zur Fortpflanzung), zeigen jedoch auch meist keine Aggressionen gegen Nachbarn, ob Artgenosse oder nicht.

Allerdings muss man immer den Platz- und Futterbedarf sowie die Wehrhaftigkeit einzelner Arten bedenken. Problematisch könnte es zudem auch werden, wenn man mehrere groß werdende Arten zusammen halten möchte. In einem genügend großen Terrarium ist dies zwar möglich, allerdings sollte man den Raumbedarf dann nicht unterschätzen.

Besonders Arten, die sehr wehrhaft sind, entweder durch Dornen oder Wehrsekret, eignen sich nur bedingt zur Gemeinschaftshaltung. Ebenso sollte man bei Arten Vorsicht walten lassen, die dazu neigen, schnell ihre Beine abzuwerfen. Dies geschieht aber nicht nur aufgrund der Anwesenheit und möglichen Störung durch eine andere Art, sondern vielmehr ganz allgemein durch einen zu hohen Besatz.

Als problematisch wird oft auch die Vergesellschaftung von Arten der Gattung *Phyllium* mit anderen Phasmiden angesehen. Aufgrund ihrer blattähnlichen Gestalt kann es nämlich passieren, dass Erstere als Futter angesehen und angefressen werden. Dies kann sogar in einem Terrarium geschehen, das ausschließlich mit *Phyllium* besetzt ist. Auch in diesem Fall sind also im Grunde die Besatzdichte und das Futterangebot entscheidend. Wird ein Tier zu stark angenagt, kann es sogar zu dessen Tod führen, meist handelt es sich jedoch nur um Schönheitsfehler, die bei der Tarnung mitunter sogar nützlich sein können. Dennoch sollte man es natürlich nicht drauf anlegen, aber komplett verhindern kann man dieses Verhalten auch nicht. Ich halte teilweise bei guter Futterverfügbarkeit und angemessener Besatzdichte Wandelnde Blätter mit anderen Phasmidenarten zusammen, ohne dass es bisher Verluste durch Fraß gab. Dagegen konnte ich in einem reinen Artbecken von *Phyllium giganteum* ein gegenseitiges Anknabbern beobachten, obwohl genügend frisches Futter zur Verfügung stand.

Die Vergesellschaftung verschiedener Arten von Phasmiden ist also möglich, solange diese die gleichen Bedingungen an ihre Umgebung stellen und die entsprechende maximale Besatzdichte nicht überschritten wird.

Generell sollte eine Vergesellschaftung aber nur angestrebt werden, wenn sie sinnvoll oder nützlich ist. Es sollte nicht das Ziel sein, einfach möglichst viele Arten auf kleinem Platz zu halten, koste es, was es wolle. Eine Vergesellschaftung ist beispielsweise dann sinnvoll, wenn verschiedene Mikrohabitate im Terrarium besiedelt werden. Ein Beispiel hierfür: *Extatosoma tiaratum* hängt sowohl tagsüber als auch nachts an den Zweigen der Futterpflanzen – der Boden und die Rückwände des Terrariums bleiben also unbesetzt. Diesen Raum können dann Arten füllen, die sich vor allem tagsüber verstecken und auch nachts meist nur an den Wänden klettern. Je nach Beckengröße könnte man daher beispielsweise *Aretaon asperrimus* oder *Trachyaretaon carmelae* mit *Extatosoma tiaratum* oder einer anderen „hängenden" Art vergesellschaften.

Gut abgestimmte Becken mit verschiedenen Phasmidenarten, die sich neben der Lebensweise auch in Form und Farbe gut ergänzen, bieten dem Insektenfreund einen schönen Anblick, und zumindest in Privathaltung spricht

Vergesellschaftung

Parapachymorpha zomproi
Foto: iStockphoto/Thinkstock

nichts gegen eine solche Vergesellschaftung, solange die beteiligten Arten die gleichen Anforderungen an den Lebensraum „Terrarium" stellen.

Möchte man einzelne Arten genauer beobachten oder wissenschaftlich über Phasmiden arbeiten, empfehlen sich hingegen reine Artbecken.

Bei der Vergesellschaftung verschiedener Tiergruppen stellt sich eigentlich immer zuerst die Frage, warum man sie anstrebt. In der Natur kommen selbstverständlich viele Tierarten gemeinsam vor, aber bringt diese Anwesenheit anderer Spezies im Terrarium beiden Seiten einen Vorteil oder doch einen Nachteil?

Wählte man Tiere mit den gleichen Futteransprüchen wie Phasmiden, würden die schon beschriebenen Probleme auftreten wie bei der Vergesellschaftung verschiedener Phasmidenarten. Fressräuber hingegen, die andere Pfleglinge erbeuten, sind natürlich an sich keine wünschenswerten Vergesellschaftungspartner.

Eine sehr nützliche und daher empfehlenswerte Form der Vergesellschaftung von Phasmiden mit Vertretern anderer Tiergruppen ist die gemeinsame Haltung mit bodenlebenden Destruenten, also Arten, die organische Substanzen abbauen und zu anorganischem Material reduzieren. Viele Phasmiden sind Nahrungsverschwender. Sehr oft fallen große Blattstücke auf den Boden, weil sie abgetrennt, aber nicht komplett gefressen wurden. Diese Reste bleiben dann auf dem Boden liegen und vertrocknen im besten Falle einfach. Besitzt das Terrarium jedoch Erde als Bodengrund, so führt die dort gespeicherte Feuchtigkeit oft zu Schimmelbildung. Auch die Ausscheidungen der Phasmiden dienen dann als Nährboden der Schimmelpilze. Neben der Tatsache, dass man keinen Schimmel im Terrarium oder generell der Wohnung möchte, ist ein solcher Befall mitunter sehr schädlich für die Tiere und deren Eier. Hier bietet es sich nun an, andere Arten ins Becken zu setzten, die einer Schimmelbildung entgegenwirken. Dies können Springschwänze, verschiedene Asselarten oder sogar Diplopoden (Tausendfüßer) in verschiedenen Größen sein.

Asseln und Springschwänze kann man in der Regel ohne Bedenken dem Bodengrund hinzugeben. Es sind meist kleine Tiere, die den Phasmiden keinen Schaden zufügen können und keine großen Ansprüche an ihr Habitat stellen. Solange die Temperaturen im Bereich um die 20 °C liegen und der Boden immer leicht feucht ist, gedeihen sie. Besonders beliebt in der Terraristik ist die Weiße Assel, aber auch die bei uns heimischen Kellerasseln eignen sich für ein unbeheiztes Terrarium.

Man kann nun aber zusätzlich oder stattdessen Diplopoden einsetzen. Neben den kleinen heimischen Arten gibt es auch größere exotische Vertreter. Letztere sind teilweise recht bunt gefärbt oder bestechen durch eine Größe von bis zu 30 cm. Man sollte allerdings auch hier darauf achten, dass es sich um eine Art handelt, die sich von organischem Abfallmaterial ernährt und mit den gebotenen Temperatur- und Feuchtigkeitswerten klarkommt. Selbst eine gezielte Zusatzfütterung dieser Tiere schadet nicht.

Beachtet man all diese Punkte bei der Auswahl der Arten, steht einer Vergesellschaftung von Phasmiden und Diplopoden nichts im Weg.

Artporträts

In diesem Kapitel möchte ich Ihnen Vertreter der Phasmiden vorstellen, die regelmäßig in den Terrarien von Liebhabern und Züchtern anzutreffen sind. Sicherlich stellt die Auswahl nur einen Teil der weltweit oder sogar in Deutschland, Österreich und der Schweiz gehaltenen Arten dar, dafür sind die genannten Spezies meist ohne große Schwierigkeiten erhältlich und eignen sich gut für die Haltung im Terrarium. In einigen Fällen nehme ich dabei auf ganze Gattungen Bezug, während ich sonst meist einzelne Arten vorstelle.

In jüngster Zeit werden vermehrt Arten auf Terraristikbörsen und Onlinemarktplätzen angeboten, die noch recht neu in der Zucht sind. Einige davon sind in diesem Buch bereits berücksichtigt.

Im Allgemeinen ähneln sich die Haltungsbeschreibungen vieler Arten sehr. Dies liegt daran, dass sich etliche ohne technisches Zubehör bei Zimmertemperatur und Fensterbeleuchtung halten lassen. Zudem nehmen viele der Arten in Menschenobhut Brombeere als Futterpflanze an, sodass auch die Hinweise auf die Ernährung ähnlich ausfallen.

Einige der hier vorgestellten Arten tragen neben dem Gattungsnamen lediglich die Bezeichnung „sp.", gefolgt von einem Ortsnamen. Bei ihnen stehen die wissenschaftliche Beschreibung oder zumindest die Bestimmung noch aus, weshalb sie vorläufig nur unter der Gattungsbezeichnung und dem Herkunftsort gehandelt werden.

Die angegebenen PSG-Nummern werden von der Phasmid Study Group vergeben und ermöglichen eine international anerkannte Identifikation von Arten und Zuchtstämmen.

Alle Angaben beruhen auf subjektiven Erfahrungen, die vielleicht von denen anderer Halter und Züchter abweichen. Sie enthalten aber wichtige Hinweise, mit der sich die genannten Arten problemlos halten lassen, obwohl es nicht immer ein hundertprozentiges Erfolgsrezept gibt. Auch bei unterschiedlichen Zuchtstämmen einer Art können einige dieser Erfahrungswerte abweichen. Beachten Sie daher auch immer die Angaben des Züchters, von dem Sie Ihre Tiere erhalten.

Acanthomenexenus polyacanthus (DOHRN, 1910)

Vieldornschrecke   PSG-Nummer: 295

Herkunft: Sulawesi

Beschreibung: Bei *A. polyacanthus* handelt sich um eine klein bleibende Art. Die Weibchen werden 5–6 cm groß und weisen eine braune bis rotbraune Färbung auf. Einige der Stacheln auf dem Rücken sind orangerot gefärbt, mit einer schwarzen Spitze. Oft besitzen die Weibchen auch einen helleren, breiten Streifen, der vom Kopf über den Rücken bis zum Abdomen verläuft. Die mit 4–5 cm nur geringfügig kleineren Männchen sind dagegen einfarbig dunkelbraun, bei einigen geht die Färbung auch in ein metallisch glänzendes Schwarzblau. Womit diese Färbung zusammenhängt, ist noch nicht geklärt. Es

Pärchen von *Acanthomenexenus polyacanthus*
Foto: A. Esch

wird vermutet, dass äußere Einflüsse wie Temperatur, Luftfeuchtigkeit oder die Art der Futterpflanzen dafür verantwortlich sind.

Die Fortpflanzung erfolgt sexuell, die Paarung dauert nur kurz. Da die Kopulation zudem meist in der Nacht stattfindet und die Geschlechter in der übrigen Zeit gewöhnlich weit voneinander entfernt im Terrarium sitzen, bleibt es vielen Haltern verwehrt, diesen Vorgang zu beobachten.

Nach etwa vier Monaten schlüpfen die Nymphen aus den kleinen Eiern. Sie benötigen dann weitere 3–4 Monate bis zur Imaginalhäutung. Männchen sind meist einen halben Monat früher adult als die Weibchen.

Haltungsbedingungen: Diese Art ist recht pflegeleicht, und eine normale Zimmertemperatur von 20–25 °C reicht vollkommen aus. Die Einrichtung sollte alle 1–2 Tage einmal kurz übersprüht werden. Wichtig ist, dass das Terrarium eine gute Durchlüftung aufweist, also mindestens zwei Lüftungsflächen besitzt.

Futterpflanzen: Als Futterpflanzen werden Brombeere und andere Rosengewächse sowie Haselnuss, Farn, *Hypericum,* Eiche und Erle angenommen.

Achrioptera fallax Coquerel, 1861

Türkisblaue (Riesen-)Stabschecke **PSG-Nummer: noch nicht vergeben**

Herkunft: Madagaskar

Beschreibung: *Achrioptera fallax* ist eine der schönsten und eindrucksvollsten Arten, die momentan in der Hobbyterraristik gehalten werden. Die bis zu 23 cm großen Weibchen besitzen eine braun-beige Grundfarbe mit roten Dornen auf dem Thorax und bläulichen Membranhäuten zwischen den Segmenten. Männchen werden zwar „nur" etwa 15 cm groß, erstaunen aber durch ihre glänzende, türkisblaue Körperfarbe. Die Femur-Unterseiten aller drei Beinpaare ebenso wie die Außenseiten der rudimentären Flügel sind hell orange.

Die Stummelflügel beider Geschlechter weisen eine Musterung in Weinrot und Schwarz auf, die sie bei Stress präsentieren. Diese Drohhaltung geht mit einem schnarrend-knisternden Geräusch einher und lässt viele Menschen bei ihrer der ersten Begegnung mit der Art erst einmal zurückschrecken.

Das beschriebene eindrucksvolle Erscheinungsbild zeigt sich jedoch erst nach der Adulthäutung. Vorher sind die Nymphen beider Geschlechter hell- bis dunkelbraun gefärbt. Sie benötigen etwa 5–6 Monate zur Entwicklung. Bei den Männchen dauert es etwa 5–7 Tage, bis sich nach der Imaginalhäutung die Färbung voll entwickelt hat.

Die Eier werden vom Weibchen weggeschleudert und benötigen eine Inkubationszeit von 4–8 Monaten bis zum Schlupf der Jungtiere.

Haltungsbedingungen: Zu Beginn, als nur wenige Exemplare durch Importe in die deutschen Zuchten kamen, galt *A. fallax* als eine schwierig zu haltende und kostspielige Phasmide. Erste Nachzuchten wurden zu Preisen von 100–200 € für ein Tier oder ein Paar angeboten. Inzwischen reduziert sich der Preis aufgrund der erhöhten Anzahl an Haltern, die diese Art erfolgreich vermehren.

Auch die Bedingungen, unter denen eine Zucht dieser schönen Phasmiden möglich ist, haben sich gewandelt. Benötigten die ersten Generationen noch hohe Temperaturen von 25–28 °C, können die heutigen Nachzuchten je nach Zuchtstamm schon bei Raumtemperatur von

Männchen von *Achrioptera fallax* mit gespreizten Flügeln als Abwehrverhalten
Foto: A. Esch

Pärchen von *Achrioptera fallax*
Foto: A. Esch

Bei meinem Zuchtstamm war dies nicht nötig, und ich kenne auch niemanden, der dies praktiziert hätte.

Wichtig für die erfolgreiche Auf- und Nachzucht ist genügend Platz. Aufgrund ihrer beträchtlichen Größe benötigen die Tiere ein Terrarium von mindestens 40 × 40 × 60 cm. Ein noch geräumigeres Becken ist in diesem Fall jedoch definitiv empfehlenswert, vor allem bei der Pflege mehrerer Tiere. Es sollte auch darauf geachtet werden, dass der Raum im Terrarium nicht zu dicht mit Futterpflanzen oder Kletterästen ausgefüllt wird, damit sich die Insekten noch bewegen können. Besonders bei Brombeerranken besteht sonst durch die Dornen am Stängel eine erhöhte Verletzungsgefahr für die Tiere.

Wegen der mittlerweile größeren Temperaturtoleranz ist eine Beleuchtung nicht notwendig, wenn die oben erwähnten Werte im Terrarium durch die Zimmerwärme gewährleistet sind.

19–23 °C gehalten werden. Es machten auch skurrile Vorschläge für gute Zuchterfolge die Runde, wie die Variante, dass man jungen Larven Kot der Eltern ins Sprühwasser geben solle. Die so auf die Futterpflanzen gesprühte „Fäkalflüssigkeit" helfe den Nymphen bei der Etablierung ihrer Darmflora. Dazu sei nur so viel gesagt:

Die Tiere trinken gerne frische Tropfen von den Blättern, weshalb die Futterpflanzen täglich besprüht werden sollten.

Futterpflanzen: Als Futter werden vor allem Brombeere und andere Rosengewächse angenommen. Gelegentlich fressen die Tiere auch Eichenlaub.

Anisomorpha paromalus Westwood, 1859

Zweistreifen-Stabschrecke   PSG-Nummer: 112

Herkunft: Belize und Mexiko

Beschreibung: *Anisomorpha paromalus* ist ein vergleichsweise seltener Gast in der Hobbyterraristik. Dies liegt aber weder an besonders hohen Haltungsansprüchen noch am Aussehen dieser Art. Häufige Vorbehalte gegenüber der Pflege der Gattung *Anisomorpha* sind das relativ starke Wehrsekret und dessen Wirkungsreichweite von bis zu 40 cm. Beide Geschlechter besitzen gut ausgeprägte Wehrdrüsen, mit denen sie das Wehrsekret in Richtung des potenziellen Feindes spritzen können. Es ist bei Kontakt mit den Augen oder den Schleimhäuten stark reizend, und die Wirkung kann mitunter tagelang anhalten. Jedoch handelt es sich bei diesen Tieren nicht um „aggressive Gifttiere", denn solange sie sich nicht bedroht fühlen, sind sie so harmlos wie andere Phasmiden auch.

Die Zweistreifen-Stabschrecke ist ein sehr schöner Terrarienpflegling. Beide Geschlechter sind auffallend glänzend schwarz gefärbt und besitzen zwei parallel vom Kopf bis zum Abdomenende verlaufende orange-rote Streifen. Das Männchen ist mit 4–6 cm Länge kleiner als das maximal 7–8 cm große Weibchen.

Sobald die Männchen geschlechtsreif sind, suchen sie sich ein Weibchen. Dabei kann es zu Rivalitätskämpfen unter den Männchen kommen, bei denen sie mit dem Hinterleib trommeln oder versuchen, sich zu beißen. Davon abgesehen handelt es sich bei *A. paromalus* um eine gesellige Art, und oftmals kann man tagsüber beobachten, wie eine große Anzahl von Tieren unterschiedlicher Entwicklungsstufen in ihrem Versteck eng zusammenliegt.

Sobald ein Männchen ein Weibchen „erobert" hat, erklimmt es dessen Rücken und hakt sich mit seinen Hinterleibsanhängen (Cerci) fest. Es kann auch vorkommen, dass ein noch subadultes Weibchen auserwählt wird. In diesem Fall steigt das Männchen kurz vor der Imaginalhäutung der Partnerin von ihrem Rücken herunter und bewacht das Weibchen, bis dessen neue Haut ausgehärtet ist. Anschließend steigt es wieder auf und hakt sich ein. In der Regel verlassen die Männchen den Rücken des Weibchens für den Rest ihres Lebens nicht mehr. Es kommt in der Folgezeit in unregelmäßigen Abständen zu Kopulationen, und ein Weibchen kann in seinem Leben um die 500 Eier legen, die einfach fallengelassen werden. *Anisomorpha paromalus* kann sich nur geschlechtlich vermehren.

Ungefähr 3–4 Monate nach der Eiablage beginnen die Nymphen zu schlüpfen. Sie sind zunächst noch einfarbig braun und entwickeln erst mit zunehmenden Häutungsstufen die typischen Streifen. Die glänzende Schwarzfärbung besitzen sie jedoch erst, wenn sie geschlechtsreif sind, was nach ca. 4–6 Monaten der Fall ist. Als adulte Tiere leben Männchen in der Regel nur 2–3 Monate, während die Weibchen nach Erreichen der Geschlechtsreife ein Alter von 6–9 Monaten erreichen können.

Häufig wird *A. paromalus* noch unter dem Synonym *A. monstrosa* geführt und angeboten. Es handelt sich dabei aber um dieselbe Art.

Haltungsbedingungen: Wie bereits erwähnt, stellt diese Art keine besonderen Anforderungen an den Halter. Eine Zimmertemperatur im Bereich von 18–25 °C ist ausreichend, und es wird auch keine zusätzliche Lichtquelle benötigt. Tagsüber verbergen sich die Tiere

Pärchen von *Anisomorpha paromalus*
Foto: A. Esch

dürfen. Die Art benötigt eine leicht feuchte Umgebung, allerdings darf keine Staunässe entstehen. Ein leichtes Besprühen der Einrichtung alle 1–2 Tage ist daher eine gute Lösung.

Aufgrund des Wehrsekrets dieser Tiere sollte man sehr vorsichtig mit ihnen umgehen und sich nach einem Kontakt stets umgehend die Hände waschen. Am besten setzt man die Tiere für Reinigungsarbeiten oder Futterwechsel vorsichtig mit der Rinde oder anderen Einrichtungsgegenständen um, auf denen sie sich befinden. Dadurch wird der Stress für die Tiere vermindert, was gleichzeitig auch das Risiko einer Abwehrreaktion herabsetzt.

Dennoch ist bei Pflegearbeiten das Tragen einer Schutzbrille ratsam. Sollte doch Sekret in die Augen gelangen, muss es umgehend mit reichlich warmem Wasser ausgespült werden, sicherheitshalber sollte man anschließend den Arzt konsultieren.

Unter den gleichen Bedingungen können auch andere Vertreter dieser Gattung gehalten werden, wie beispielsweise *A. buprestoides* (STOLL, 1813, PSG-Nr. 12).

Bei *A. buprestoides* gibt es neben der normalen Form mit bräunlichen bis orangefarbenen Musterungen auch eine weiß gestreifte Farbform, die nach ihrem Fundort mit „Ocala" bezeichnet wird.

Futterpflanzen: Liguster wird von den Tieren meist am besten angenommen. Zusatzfutterpflanzen sind Flieder, Rhododendron und Brombeere, jedoch werden diese nicht von allen Zuchtstämmen angenommen.

häufig unter Rinden oder anderen Versteckmöglichkeiten, die deshalb im Terrarium nicht fehlen

Aretaon asperrimus (Redtenbacher, 1906)

Kleine Dornschrecke **PSG-Nummer: 118**

Herkunft: Borneo

Beschreibung: Bei *A. asperrimus* handelt es sich um eine mittelgroße, bodenbewohnende Art. Weibchen sind mit ca. 9 cm Körperlänge deutlich größer als die ca. 5–6 cm langen Männchen. Zudem besitzen Erstere einen massigen, durchgehend braun gefärbten Körper, während Männchen dünner sind und gelbe bis ockerfarbene Streifen an den Seiten und auf dem Rücken aufweisen. Ihren deutschen Namen „Kleine Dornschrecke" verdanken die Tiere den zahlreichen kleinen Dornen, die sich auf dem ganzen Körper befinden.

Tagsüber leben sie versteckt unter Rindenstücken oder Laub und gehen erst nachts auf Futtersuche. Während der Paarung setzt sich das Männchen auf den Rücken des Weibchens und verbleibt dort meist noch anschließend, um sich herumtragen zu lassen – einige Männchen steigen sogar ihr gesamtes restliches Leben nicht mehr ab. Es kommt dann in unregelmäßigen Abständen zu erneuten Paarungen.

Das Weibchen platziert die Eier mit seinem Legestachel einzeln im Boden. Nach 4–6 Monaten haben sich die Nymphen entwickelt und schlüpfen. Es dauert weitere 6–8 Monate, bis sie adult sind. Schon relativ früh, ungefähr ab L3, kann man die Geschlechter unterscheiden: Die weiblichen Nymphen weisen dann schon die Anlage für den Legestachel auf.

Die Lebenserwartung ausgewachsener Exemplare beträgt bis zu einem Jahr. Über eine parthenogenetische Vermehrung dieser Art ist nichts bekannt.

Haltungsbedingungen: Es handelt sich um eine einfach zu pflegende Art, die im Terrarium manchmal auch tagsüber beobachtet werden kann. Besonders interessant ist dabei die Futteraufnahme, wenn das Männchen versucht, vom Rücken des Weibchens aus an die Blätter zu gelangen.

Obwohl *A. asperrimus* aus den Tropen stammt, reichen zur Haltung der bekannten Zuchtstämme Zimmertemperatur und normale Tageshelligkeit aus. Die Tiere benötigen eine mittlere Luftfeuchtigkeit, weshalb alle 1–2 Tage leicht gesprüht werden sollte.

Aufgrund der bodenbezogenen Lebensweise brauchen diese Insekten Rindenstücke oder ähnliche Versteckmöglichkeiten. Zudem sollte der Bodengrund mindestens ca. 5 cm hoch eingebracht werden, damit die Weibchen Gelegenheit bekommen, ihre Eier darin abzulegen. Alternativ kann aber auch ein ausreichend hoher Behälter mit Ablagesubstrat ins Terrarium gestellt werden.

Futterpflanzen: Als Futter werden neben Eiche verschiedene Rosengewächse wie Brombeere oder Rose angenommen, gelegentlich auch Erle oder Buche.

Fressendes Pärchen von *Aretaon asperrimus*
Foto: A. Esch

Asceles sp. „Ban Salok"

PSG-Nummer: 267

Herkunft: Thailand

Beschreibung: Bei dieser Art handelt es sich um eine sehr farbenprächtige Phasmide. Sie besitzt einen lilafarbenen Kopf und einen grün-braunen Körper. An den Flügelansätzen sowie entlang der Außengrenze der Oberflügel verlaufen gelbe und weiße Linien. Die Beine sind einheitlich grün. Die Gesamtfärbung ist eindrucksvoll und nur schwer zu beschreiben.

Beide Geschlechter unterscheiden sich nur in der Größe. Weibchen sind dabei mit ca. 8 cm etwas größer als Männchen, die etwa 6–7 cm Länge erreichen.

Die Fortpflanzung erfolgt nur sexuell. Nach der Befruchtung sticht das Weibchen die relativ wenigen Eier einzeln in die Unterseite der im Terrarium vorhandenen Blätter, im Schnitt ungefähr eines pro Tag. Werden Blätter mit eingestochenen Eiern zu einem späteren Zeitpunkt gefressen, fallen die Eier einfach zu Boden. Nach 2–3 Monaten schlüpfen die Nymphen, die ungefähr innerhalb von drei Monaten die Geschlechtsreife erreichen.

Beide Geschlechter sind gute Flieger, weshalb man beim Hantieren mit den Tieren genau aufpassen muss, dass keines von ihnen entkommt.

Es könnte sein, dass es sich bei den in Liebhaberkreisen verbreiteten Tieren in Wirklichkeit um *Asceles glaber* handelt. Dies muss jedoch noch abschließend untersucht werden.

Haltungsbedingungen: Die Art lässt sich hervorragend bei Zimmertemperatur halten und benötigt eine leicht erhöhte Luftfeuchtigkeit, die durch tägliches Sprühen erreicht wird.

Die Eier lassen sich beim Futterwechsel einfach von den Blättern entfernen und separat inkubieren.

Futterpflanzen: Als Hauptfutter verzehrt die Art Rhododendron. Die Zweige halten sich in einer Vase sehr lange, zumal die Tiere nicht sehr viel fressen. Man kann natürlich auch kleinere Pflanzen komplett im Topf ins Terrarium stellen. Manche Tiere nehmen als Zusatzfutter *Hypericum* an.

Weibchen von *Asceles* sp. „Ban Salok"
Foto: A. Esch

Bacillus rossius (Rossi, 1790)

Mittelmeerstabschrecke   PSG-Nummer: 3

Herkunft: Mittelmeergebiet

Beschreibung: Bei dieser Stabschrecke sind beide Geschlechter komplett ungeflügelt. Sie weisen eine beige oder grünliche Grundfärbung auf, wobei Männchen einen etwas dunkleren Ton zeigen. Auffallend ist die Rotfärbung der vorderen Innenschenkel.

Weibchen werden 9–12 cm lang, Männchen erreichen nur 6–8 cm. Während vor allem im östlichen Teil des Verbreitungsgebietes zweigeschlechtliche Populationen vorkommen, findet man im westlichen Areal, besonders in Frankreich und Spanien, meist nur parthenogenetische Gruppen. Auch im Terrarium lässt sich diese Art hervorragend nur mit Weibchen halten und vermehren.

In der Natur leben die Tiere in trockenen Landschaften mit Grasflächen, einzelnen Büschen und Sträuchern. Hier kommt es meist zu zwei Generationen pro Jahr. Die ersten Nymphen schlüpfen im Frühjahr und werden nach etwa zwei Monaten geschlechtsreif. Die vom Weibchen weggeschleuderten Eier entwickeln sich innerhalb von 2–4 Wochen. Die folgende Generation legt noch im selben Jahr Eier, der Schlupf der Nymphen erfolgt jedoch erst nach ungefähr vier Monaten, wenn der Frühling einsetzt. Aufgrund dieser Fortpflanzungsstrategie leben die adulten Tiere meist auch nicht länger als drei Monate, was unter künstlichen Bedingungen aber mitunter verlängert werden kann.

Haltungsbedingungen: Im Terrarium empfiehlt es sich unter Umständen, die Jahreszeiten nachzuahmen und die Eier für ca. drei Monate im Kühlschrank oder einem anderen geeigneten kalten Ort zu lagern, um sie anschließend bei Zimmertemperatur zu zeitigen. Besonders bei Populationen, die seit Langem in Zucht sind, ist dies aber nicht mehr unbedingt nötig, da sich die Tiere in gewisser Weise an die neue Umgebung und das künstliche Klima angepasst haben. Ansonsten stellt diese Art keine besonderen Ansprüche und ist bei Zimmertemperatur sowie gelegentlichem Sprühen ein recht pflegeleichter Terrarienbewohner.

Futterpflanzen: In der Natur sind diese Tiere an verschiedenen Sträuchern zu finden, u. a. werden verschiedene Ginsterarten als Futterpflanzen benutzt. Nur selten trifft man die Tiere dagegen an Brombeersträuchern an, obwohl diese im Terrarium gerne angenommen werden. Ansonsten kann man auch noch andere Rosengewächse oder Eiche anbieten.

Die Mittelmeerstabschrecke ist ein pflegeleichter Terrarienbewohner
Foto: A. Esch

Brasidas samarensis Rehn & Rehn, 1939

Samar-Gespenstschrecke   PSG-Nummer: 235

Herkunft: Philippinen

Beschreibung: Diese Dornschrecke stammt von der Insel Samar, wie es der Artname bereits vermuten lässt. Trotz ihrer schönen Färbung, die sie auch als Imago noch beibehält, ist sie eher selten in den Terrarien zu finden. Das 10–11 cm große Weibchen ist braun-grün gemustert und weist so gut wie keine Bedornung auf. Auch das Männchen ist nur wenig bedornt, wird jedoch lediglich etwa 6–7 cm groß. Bei ihm ist Braun die vorherrschende Farbe, kleine Stellen können jedoch eine grünliche Schattierung aufweisen. Die Nymphen tragen einen weißen Rückenstrich, der auch teilweise beim Männchen im adulten Stadium noch zu erkennen ist.

Die Vermehrung kann parthenogenetisch erfolgen, allerdings garantiert eine sexuelle Fortpflanzung vitalere und stabilere Folgegenerationen. Die Eier werden vom Weibchen einzeln in die Erde gebohrt.

Die Nymphen benötigen etwa vier Monate, bis sie aus den länglichen, grau gefärbten Eiern schlüpfen. Nach weiteren 5–6 Monaten sind sie geschlechtsreif, und erwachsene Tiere können anschließend noch etwa neun Monate lang leben.

Haltungsbedingungen: Diese Art kann ebenso wie die anderen in der Terraristik verbreiteten Dornschrecken bei Raumtemperatur gehalten werden. Ein zweitägiger Sprührhythmus reicht aus, selbst bei geringerer Luftfeuchtigkeit entwickeln sich die Nymphen und schlüpfen aus dem Ei. Wichtig ist auch bei dieser Art ein Bodengrund, in dem die Weibchen die Eier ablegen können, oder alternativ ein entsprechendes Ablagegefäß.

Futterpflanzen: Brombeere, Himbeere und Eiche werden gut angenommen.

Wie die meisten Phasmiden zeigt auch *Brasidas samarensis* einen deutlichen Geschlechtsdimorphismus
Foto: A. Esch

Carausius morosus (Sinety, 1901)

Indische Stabschrecke   PSG-Nummer: 1

Herkunft: Indien

Beschreibung: *Carausius morosus* ist eine typische Stabschrecke ohne besondere Körperanhänge. Sie kann grün, gelblich bis braun gefärbt sein. Auffallend ist lediglich die rote Färbung an der Innenseite der Basis der Vorderbeine. Während in der Natur beide Geschlechter existieren, findet man in den Zuchtstämmen nur selten Männchen. Diese sind mit ca. 6 cm etwas kleiner als die 7–8 cm messenden Weibchen. Außer in der Größe unterschieden sich die Geschlechter in ihren Erscheinungsbildern jedoch nicht.

Aufgrund des Fehlens männlicher Tiere in den Zuchtstämmen gründen diese meist auf rein parthenogenetischer Fortpflanzung. Dabei ist *C. morosus* sehr fruchtbar, und ein Weibchen kann bis zu drei Eier am Tag legen. Diese werden weggeschleudert, und es vergehen 3–4 Monate, bis die ersten Nymphen schlüpfen. Die Jungtiere entwickeln sich dann je nach Temperatur innerhalb von 3–5 Monaten zum adulten Individuum und leben anschließend noch 5–9 Monate.

Haltungsbedingungen: *Carausius morosus* ist eine der am leichtesten zu pflegenden Arten. Die Indische Stabschrecke wird schon seit etwa 1900 als Versuchstier gehalten und gilt somit als erste Phasmide überhaupt, die in Terrarien nachgezogen werden konnte. Sie ist anspruchslos und lässt sich bei Zimmertemperatur an einem hellen Standort gut halten und vermehren. Auch die Luftfeuchtigkeit spielt keine große Rolle. Es reicht aus, wenn man zwei- bis dreimal in der Woche die Einrichtung des Terrariums leicht übersprüht. Lediglich bei den Nymphen sollte man etwas regelmäßiger sprühen, da diese – bedingt durch die Häutungen – auf eine ausreichende Feuchtigkeit angewiesen sind.

Futterpflanzen: Neben Standard-Rosengewächsen nimmt diese Art u. a. auch Eiche und Efeu an. Aber auch gänzlich andere Pflanzen wie *Tradescantia* sp. werden als Hauptfutter akzeptiert und scheinen keine negativen Auswirkungen auf die Entwicklung zu haben.

Thanatose (Totstellverhalten) bei *Carausius morosus*: Alle Extremitäten sind eng an den Körper gelegt
Foto: A. Esch

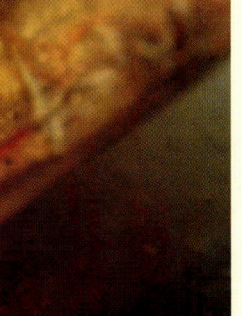

Clonaria conformans (Brunner v. Wattenwyl, 1907)

PSG-Nummer: 225

Herkunft: Thailand

Beschreibung: Die artenreiche Gattung *Clonaria*, oftmals noch unter ihrem Synonym *Gratidia* bekannt, umfasst einige Vertreter, die einen festen Platz in den Terrarien der Liebhaber innehaben – neben *C. conformans* vor allem die erst 2000 beschriebene *C. fritzschei*. Die Spezies der Gattung ähneln sich sowohl im Aussehen als auch in ihrer Lebensweise sehr, sodass sich die hier empfohlenen Haltungsangaben auch auf andere Arten übertragen lassen.

Diese Stabschrecken besitzen einen ausgeprägten Geschlechtsdimorphismus und -dichromatismus. Die 6–7 cm langen Männchen sind sehr filigran und weisen eine braune Grundfärbung mit einem dorsal verlaufenden schwarzen Strich auf. Die braunen Vorderbeine sind nahezu so lang wie der Körper, während die anderen Beinpaare grün oder braun gefärbt sein können. Die bis zu 9 cm großen Weibchen besitzen zwar auch einen dünnen Körper, sind im Vergleich zu den Männchen allerdings massiger. Ihre Färbung kann von einem leuchtenden Grün bis zu einem hellen Braunton variieren.

Das Männchen besteigt nur für die Zeit der Paarung den Rücken des Weibchens. Dieses klebt seine Eier einzeln an Blätter, Äste oder andere geeignete Oberflächen, die es findet. Selbst an andere Stabschrecken werden manchmal Eier geheftet.

Nach etwa 2–3 Monaten sind die Nymphen entwickelt und schlüpfen. Sie benötigen dann 3–4 Monate bis zur Adulthäutung. Das Geschlecht kann ab den mittleren Entwicklungsstufen anhand einer kleinen Ausstülpung an der Unterseite des Abdomenendes der männlichen Nymphe erkannt werden. Die Tiere erreichen adult ein Lebensalter von 6–9 Monaten, teilweise sogar von bis zu einem Jahr.

Haltungsbedingungen: *Clonaria conformans* lässt sich sehr gut bei Temperaturen von 18–25 °C und Tageslicht halten sowie erfolgreich vermehren. Alle zwei Tage sollte gesprüht werden.

Diese Art ist sehr fruchtbar, und die große Anzahl der Eier weist auch eine sehr hohe Schlupfrate auf. Zudem ist die Sterblichkeitsrate der Nymphen extrem gering. Da das Männchen die Partnerin nur zur Paarung besteigt, reicht bei der Haltung ein einzelnes Männchen aus, um etwa vier Weibchen regelmäßig zu befruchten.

Futterpflanzen: *Clonaria conformans* frisst Brombeere und andere Rosengewächse sowie teilweise Eiche als Zusatzfutter.

Paar von *Clonaria conformans*
Foto: A. Esch

Diapherodes gigantea (GMELIN, 1788)

Wandelnde Bohne PSG-Nummer: 260

Herkunft: Costa Rica

Beschreibung: Die Weibchen von *D. gigantea* erreichen eine Größe von ca. 17 cm und sind hellgrün gefärbt. Sie unterscheiden sich damit deutlich von den nur ca. 10 cm großen, meist bräunlich gefärbten Männchen. Es treten auch dunkle Farbmorphen auf, bei denen die Weibchen dunkelbraun sind. Ein weiterer Geschlechtsdimorphismus zeigt sich in der Ausbildung der Flügel: Während Männchen flugfähige Flügel besitzen, sind bei den Weibchen nur Flügellappen vorhanden.

Diapherodes gigantea vermehrt sich rein sexuell. Bereits kurz nach der Paarung beginnt das Weibchen damit, die Eier einzeln wegzuschleudern. Die Entwicklung des Embryos im Ei dauert 4–6 Monate. Frisch geschlüpfte Nymphen weisen eine stark variierende Färbung auf, in der Grün- und Brauntöne unterschiedlich vertreten sind. Schon in frühen Stadien kann man die Geschlechter unterscheiden: Männchen weisen ab L3 Flügelanlagen auf und besitzen einen dünneren Körper mit leicht gebogenem Abdomenende. Weibliche Nymphen dagegen besitzen am Abdomenende kleine Loben (Lappen). Nach etwa 4–6 Monaten sind die Tiere adult und leben dann noch weitere 6–12 Monate.

Haltungsbedingungen: Von dieser Art existieren zwei verschiedene Zuchtstämme, die sich hinsichtlich ihrer Haltungsansprüche unterscheiden. Während einige Züchter gute Erfolge verzeichnen, indem sie die Tiere bei einer mittleren Luftfeuchtigkeit halten und alle 1–2 Tage im Terrarium sprühen, scheinen Exemplare des anderen Zuchtstammes nur eine geringe Luftfeuchtigkeit zu vertragen, für die ein einmaliges Sprühen pro Woche ausreicht. Beachten Sie daher bei der Pflege

Kopulierendes Paar von *Diapherodes gigantea*
Foto: A. Esch

dieser Art bitte unbedingt die Hinweise des Züchters, von dem Sie die Tiere bezogen haben.

Unabhängig von der unterschiedlichen Feuchtigkeitsvorliebe scheint aber beiden Linien gemein, dass sie sich bei normaler Zimmertemperatur und -helligkeit gut halten lassen.

Die Aufzucht kann sich bei dieser Art jedoch als schwierig erweisen. Die Nymphen nehmen u. U. am Anfang ihrer Entwicklung nur Eukalyptus an und haben teilweise Probleme, den etwas härteren Blattrand zu durchbeißen. Daher empfiehlt sich eine Vergesellschaftung mit größeren Nymphen derselben oder einer anderen Art.

Es gibt jedoch auch Halter, die diese Art seit vielen Generationen vermehren und über keinerlei Probleme berichten sowie Pflege und Zucht als relativ einfach einstufen.

Futterpflanzen: Im Allgemeinen werden Brombeere und andere Rosengewächse als Futter angenommen. Auch Eiche kann zeitweise angeboten werden. Eukalyptus stellt eine mögliche Zusatz- oder Ersatznahrung dar, die besonders für die Nymphen wichtig ist.

Epidares nolimetangere (De Haan, 1842)

Borneo-Dornschrecke, Rühr-mich-nicht-an   PSG-Nummer: 99

Herkunft: Borneo

Beschreibung: *Epidares nolimetangere* gehört zu den kleinsten in Terrarien gehaltenen Phasmiden. Weibchen dieser sehr beliebten Tiere werden ca. 5 cm groß, Männchen erreichen nur 4 cm. Beide Geschlechter besitzen zahlreiche Dornen auf ihrem Körper, von denen wahrscheinlich auch ihr Namensbestandteil *nolimetangere* (lat.: „Rühr mich nicht an") herrührt.

Die Weibchen weisen eine dunkelbraune Färbung mit einem hellen Rückenstreifen auf. Bei den Männchen existieren zwei genetisch bedingte Farbmorphen: Sie zeigen neben der braunen Färbung entweder rote oder aber blau-grüne Zeichnungselemente. Exemplare der beiden unterschiedlichen Farbmorphen sollten nicht miteinander vergesellschaftet werden, und auch die dazugehörigen Weibchen sollten strikt getrennt bleiben, da man es ihnen nicht ansieht, welcher der beiden Linien sie angehören. Bei einer Vermischung verschwindet der Blauanteil.

Pärchen von *Epidares nolimetangere*, rote Morphe
Foto: A. Esch

Epidares nolimetangere

Das Abdomen des Weibchens schwillt während der Eiproduktion stark an, und die Eier werden schließlich einzeln in kleinen, selbst gegrabenen Kuhlen abgelegt. Dieses für Phasmiden recht aufwendige Ablageverhalten erfolgt etwa 2–3 Mal pro Woche. Aufgrund der verhältnismäßig langen Lebensdauer und damit auch Eiproduktion von bis zu 20 Monaten kommt es bei dieser Art zu einer hohen Anzahl an Nachkommen. Männchen leben meist nicht so lange und erreichen ein durchschnittliches Alter von neun Monaten. Die Nymphen schlüpfen nach etwa 4–6 Monaten und messen dann grade mal 7 mm. Innerhalb von 3–4 Monaten entwickeln sie sich zur Imago.

Haltungsbedingungen: *Epidares nolimetangere* lässt sich aufgrund der geringen Körpergröße auch sehr gut in kleinen Terrarien halten – ein idealer Pflegling, wenn man nicht viel Platz zur Verfügung hat. Wichtig ist Erde als Bodengrund, damit die Weibchen die Eier ablegen können. Es empfiehlt sich auch, Rindenstücke und andere Verstecke anzubieten sowie einen Teil des Bodens mit Moos zu bedecken, da dieses die Feuchtigkeit noch besser hält. Zimmertemperatur und normale Helligkeit sind ausreichend, alle 1–2 Tage sollte gesprüht werden.

Futterpflanzen: Diese Art frisst verschiedene Rosengewächse. Neben Brombeere nehmen die Tiere gerne auch Blätter der Erdbeere an, ob Wald- oder Gartenerdbeere.

Pärchen der grünen Form von *Epidares nolimetangere*
Foto: A. Esch

Farbformen von Männchen der Art *Epidares nolimetangere*
Foto: A. Esch

„Zwergphasmiden"

Die Angaben zu Haltung und Fütterung von *Epidares nolimetangere* gelten auch für andere „Zwergphasmiden" aus den Gattungen *Dares* und *Pylaemenes*.

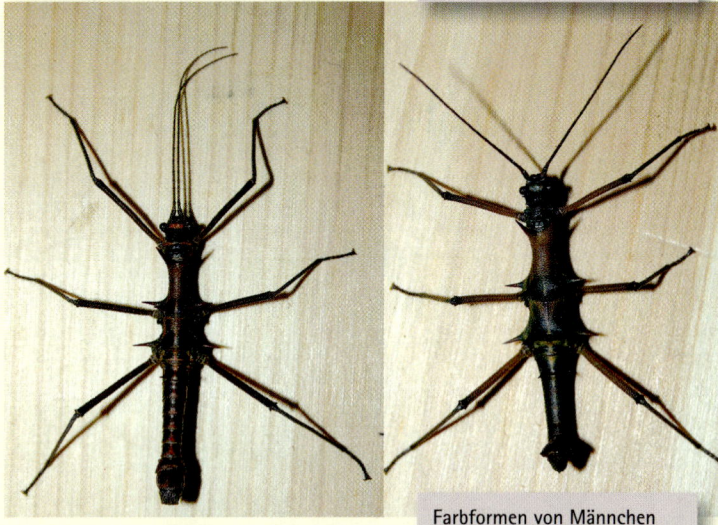

Eurycantha calcarata (Lucas, 1869)

Dorngespenst- oder Panzerschrecke PSG-Nummer: 23 & 44

Herkunft: Neuguinea

Männchen von *Eurycantha calcarata*, dunkle Färbung
Foto: A. Esch

Beschreibung: Bei *E. calcarata* handelt es sich um eine große, robuste und eindrucksvolle Art. Sie besitzt einen abgeflachten Körper, der am Rand mit vielen kleinen Dornen besetzt ist. Beide Geschlechter sind flügellos und braun gefärbt, wobei die Weibchen oft einen helleren Ton aufweisen als Männchen. Es gibt auch Populationen, in denen adulte Tiere eine grüne Färbung aufweisen. Besonders interessant ist das Farbenspektrum der Nymphen. Diese besitzen meist eine flechtenartige Zeichnung auf dem gesamten Körper, mit unterschiedlich starken Anteilen an Schwarz, Grün, Braun und Weiß. Diese Zeichnung verliert sich aber spätestens nach der Imaginalhäutung.

Tagsüber verstecken sich die Tiere in Gruppen unter Laub, Rindenstücken oder anderen dunklen Orten. Erst nachts werden sie aktiv und klettern in die Futteräste. Bei der Haltung mehrerer Männchen in einem Terrarium kann man Zeuge eines interessanten Verhaltens werden: Die 12 cm großen Männchen kämpfen sowohl um ihr Revier als auch um die Weibchen. Zunächst klopfen sie mit ihrem Abdomen auf den

Boden, um anschließend in kurzen Kämpfen zu versuchen, den Gegner mit dem hinteren Beinpaar zu greifen und wegzuschleudern. Dies kann zu Verletzungen führen, da sie am letzten Beinpaar über einen großen Dorn am Femur verfügen. Mit der Kraft, die sie beim Zusammenschlagen der Beine aufwenden, ist es ihnen sogar möglich, die menschliche Haut zu durchstoßen. Daher muss man auch bei Reinigungsarbeiten aufpassen, da die Tiere bei Störung das Abdomen aufstellen, dem Pfleger die bedornten Beine entgegenstrecken und diese dann zusammenschlagen lassen.

Die Weibchen werden mit 15 cm zwar noch größer, weisen aber nicht diese starke Bedornung auf. Dennoch vermögen auch sie sich, mitunter sehr heftig zu wehren. Ein weiterer Abwehrmechanismus dieser Art ist die Abgabe eines übel riechenden Wehrsekrets.

Die Fortpflanzung kann parthenogenetisch oder sexuell erfolgen. Das Weibchen legt die Eier einzeln mit seinem Legestachel in den Boden. Nach vier Monaten beginnen die Nymphen zu schlüpfen. Sie durchlaufen 5–6 Häutungen und sind erreichen nach 4–6 Monaten die Geschlechtsreife. Die Lebenserwartung der erwachsenen Tiere ist ungewöhnlich lang, sie können ein Alter von 12–18 Monaten erreichen.

Eurycantha calcarata ist die am häufigsten in Terrarien gepflegte Art dieser Gattung. In der Kulturliste der Phasmid Study Group wird sie unter zwei Nummern geführt. Aktuell wird diskutiert, ob es sich bei den verschiedenen Zuchtstämmen lediglich um Farbvariationen oder möglicherweise um Unterarten handelt.

Bedeutend seltener ist dagegen *E. insularis* (PSG 111) bei Liebhabern anzutreffen. Bei dieser Art sind Männchen weniger aggressiv und verfügen nicht über so stark bedornte Hinterbeine. Bei den

Weibchen von *Eurycantha calcarata*, helle Farbmorphe
Foto: A. Esch

Eurycantha calcarata

Eurycantha calcarata
Foto: iStockphoto/Thinkstock

Weibchen ist der einzige gut erkennbare Unterschied zu *E. calcarata* die Grünfärbung der seitlich am Körper befindlichen Dornen.

Haltungsbedingungen: *Eurycantha calcarata* stammt aus sehr feuchten Gebieten. Auch wenn man bei Populationen, die schon seit mehreren Generationen im Terrarium leben, davon ausgehen kann, dass sie eine gewisse Toleranz entwickelt haben, sollte man dem Feuchtigkeitsbedarf der Art Rechnung tragen und täglich sprühen. Zusätzlich kann man auch noch eine kleine, flache Wasserschale anbieten, aus der besonders die adulten Tiere gerne trinken.

Hinsichtlich der Temperatur zeigt sich bei *E. calcarata* zwar eine Toleranz gegenüber niedrigen Werten, optimal ist jedoch die Haltung bei 23–30 °C, da die Tiere ihr komplettes Verhaltensspektrum erst bei der entsprechenden Wärme zeigen.

Aufgrund der bereits erwähnten Wehrhaftigkeit der Tiere empfiehlt sich insbesondere für unerfahrene Halter beim Hantieren im Terrarium das Tragen von Arbeitshandschuhen. Auf diese Weise lassen sich Verletzungen vermeiden.

Wenn man die Tiere richtig zu packen bekommt, besteht jedoch nur ein geringes Risiko, dass sie einen mit den bedornten Beinen erwischen. Dazu greift man die Dorngespenstschrecken von oben direkt hinter der Ansatzstelle der Vorderbeine. So ist es den Tieren fast unmöglich, mit den Hinterbeinen zuzuschlagen. Möchte man die Tiere beispielsweise für Reinigungsarbeiten aus dem Terrarium herausnehmen, setzt man sie am besten mitsamt den Rindenstücken um, auf denen sie sitzen. Solange die Tiere nicht berührt werden, zeigen sie tagsüber in der Regel eine geringere Aktivität.

Möchte man eine Gruppe von mehreren *E. calcarata* pflegen, um das volle Verhaltensrepertoire der Art beobachten zu können, so muss man bei der Wahl der Terrariengröße die Rivalität der Männchen berücksichtigen. Um Verletzungen der Tiere bei ihren Auseinandersetzungen zu vermeiden, sollte das Terrarium eine große Grundfläche aufweisen. Empfehlenswert ist beispielsweise eine Gruppe von zwei Männchen und mehreren Weibchen. Dabei sollte das Terrarium eine Grundfläche von 40 x 50 cm bei einer Höhe von mindestens 40 cm nicht unterschreiten. Optimal wäre in diesem Fall ein Behälter mit einer Grundfläche von 100 x 50 cm. Bei einer entsprechenden Höhe kann man in einem solchen Terrarium dann sogar andere Arten mit *E. calcarata* vergesellschaften. Dabei ist es wichtig zu beachten, dass man hierfür keine großen und möglicherweise aggressiven Arten wählt. Ebenso sollte von Arten Abstand genommen werden, die sich wie *E. calcarata* tagsüber in den Verstecken aufhalten, da dies unter den Tieren zu Kämpfen um die Versteckplätze führen kann.

Futterpflanzen: Die typischen Futterpflanzen wie Brombeere, andere Rosengewächse sowie Eiche oder Buche werden angenommen. Bei *Eurycantha*-Arten handelt es sich um starke „Blattverschwender". Viele Blätter, die an der Basis angefressen werden, fallen auf den Boden und bleiben dort unberührt. Man muss sich daher auf ein häufiges Auswechseln der Futterpflanzen einstellen.

Eurycnema goliath (GRAY, 1834)

Australische Riesenstabschrecke   PSG-Nummer: 14

Herkunft: Australien

Beschreibung: *Eurycnema goliath* beeindruckt sehr durch ihre Größe und Färbung. Aufgrund ihrer eher als schwierig geltenden Haltung und Vermehrung nehmen jedoch viele Liebhaber Abstand von der Pflege dieser Art.

Weibchen erreichen eine Größe von 22 cm und stellen damit nach *Acrophylla titan*, einer weiteren Phasmidenart, die zweitgrößte Insektenart Australiens dar. Die Tiere tragen eine grüne Grundfärbung mit verschiedenen Helligkeitsstufen. Auf Thorax und Kopf befinden sich dunkelgrüne Querstreifen, das Abdomen ist dunkel gefärbt und besitzt entlang der Segmentgrenzen weiße und schwarze Streifen. Das Männchen ist ebenso gefärbt, wird jedoch nur 15 cm groß. Beide Geschlechter besitzen Flügel, aber nur Männchen sind flugfähig. Bei den Weibchen werden die Flügel primär zur Feindabschreckung verwendet. Sie können mit ihnen ein raschelndes Geräusch erzeugen und außerdem durch Aufstellen die leuchtend roten Unterseiten der Flügeldecken präsentieren.

Die Nymphen dagegen sind bis zur Imaginalhäutung unscheinbar dunkelbraun bis anthrazit gefärbt, sodass sie zwischen den Ästen nicht auffallen. Aber auch die adulten Tiere sind im Blättergewirr der Sträucher nicht einfach auszumachen.

Die Vermehrung erfolgt ausschließlich sexuell. Die Eier werden vom Weibchen auf den Boden fallen gelassen oder weggeschleudert. Ihre Entwicklung ist stark temperatur- und feuchtigkeitsabhängig. Frühestens kann der Schlupf die Nymphen bereits nach vier Monaten erfolgen, in anderen Fällen dauert es bis zu 15 Monate. Die Entwicklung der Nymphen bis zum geschlechtsreifen Tier dauert etwa fünf Monate. Während adulte Weibchen eine Lebenserwartung von bis zu acht Monaten haben, sterben Männchen meist früher.

Haltungsbedingungen: Diese Tiere dürfen keinesfalls direkt angesprüht werden! Die sonst in der Phasmidenhaltung wichtige Luftfeuchtigkeit kann bei dieser Art ohnehin komplett vernachlässigt werden, denn *E. goliath* ist bereits als Schlüpfling fähig, den Feuchtigkeitsbedarf aus den Futterblättern

Weibchen von Eurycnema goliath können ein Länge von bis zu 22 cm erreichen
Foto: A. Esch

zu beziehen. Sprüht man zusätzlich, führt dies zu Durchfall bei den Tieren, was wiederum ihren Tod nach sich zieht.

Adulte Exemplare sollten in einem Gazekäfig gehalten werden, bei einer Temperatur von 25–30 °C. Die Nymphen können zunächst in einem Terrarium mit weniger Gazeflächen untergebracht werden, in dem dann eine leicht höhere Luftfeuchtigkeit herrscht. Allerdings sollte auch hier eine gute Durchlüftung gewährleistet sein, und die Feuchtigkeit darf maximal durch ein Befeuchten des Bodengrundes beeinflusst werden.

Futterpflanzen: *Eurycnema goliath* nimmt anders als andere Phasmiden keine Ersatzpflanzen als Hauptnahrung an. Als Futter wird daher frischer Eukalyptus benötigt, den man meist unbehandelt beim Floristen als Schnittgrün bekommen kann. Es muss ständig darauf geachtet werden, dass die Blätter noch frisch sind, damit sie die nötige Feuchtigkeit beinhalten. Dies macht einen wöchentlichen Futterwechsel notwendig. Im Sommer kann man Hasel oder Eiche als Zusatzfutter verwenden, allerdings sollte immer auch *Eukalyptus* zur Auswahl bereitstehen.

Extatosoma tiaratum (MACLEAY, 1827)

Australische Gespenstschrecke PSG-Nummer: 9

Herkunft: Australien

Beschreibung: *Extatosoma tiaratum* wird aufgrund derr attraktiven Gestalt und des ausgeprägten Geschlechtsdimorphismus häufig gehalten. Die Weibchen können eine Größe von 15–17 cm erreichen und besitzen einen massigen Körper. Sie tragen ihr Abdomen häufig über dem Körper zusammengerollt, was ihnen eine skorpionsähnliche Gestalt verleiht. Allerdings ahmen die Tiere damit keine anderen Vertreter aus dem Tierreich nach, vielmehr dient die Haltung dazu, die Tarnung als welkes Blatt zu verbessern.

Bei den Weibchen gibt es Farbvariationen von Hellbeige bis Dunkelbraun, selbst grünliche Exemplare tauchen in den Zuchten auf. Leichte Farbwechsel zwischen Hell und Dunkel sind im Tagesverlauf möglich. Männchen sind meistens hell- bis dunkelbraun und weisen keine so ausgeprägten Farbvariationen auf. Sie sind lediglich ca. 10 cm groß und besitzen einen schlanken Körper. Das komplette Abdomen wird von ihren Flügeln bedeckt, mit denen sie auch fliegen können.

Die Geschlechter sitzen im Terrarium meist getrennt voneinander, und das Männchen besteigt die Partnerin nur für die Zeit der Kopulation. Diese erfolgt meist in der Dämmerung. Neben der sexuellen Fortpflanzung kann sich die Art auch parthenogenetisch vermehren. Allerdings sind bei rein parthenogenetisch gehaltenen Zuchtstämmen schon nach wenigen Generationen ein Rückgang der Schlupfrate sowie eine Steigerung der Sterberate zu beobachten. Zudem erreichen die adulten Tiere nur noch geringere Körperlängen.

Aus den vom Weibchen einzeln weggeschleuderten Eiern schlüpfen die ersten Nymphen nach 5–7 Monaten. Es gibt allerdings auch immer einen gewissen Prozentsatz sogenannter Dauereier. Daraus schlüpfen Jungtiere erst nach 9–12 Monaten. Die frisch geschlüpften Nymphen sind schwarz und besitzen einen roten Kopf. Sie imitieren damit eine australische Ameisenart und können sich auch dementsprechend flink bewegen. Vor der ersten Häutung beginnt die Farbe zu verblassen, und nach der Häutung wei-

Extatosoma tiaratum

Dunkles Männchen von *Extatosoma tiaratum*
Foto: A. Esch

Weibchen von *Extatosoma tiaratum*
Foto: A. Esch

sen sie schon die typische Gestalt auf.

Bereits nach der 2. Häutung ist das Geschlecht der jungen Nymphen zu erkennen: Weibliche Nymphen weisen auf ihrem Abdomen kleine, höckerartige Dornen auf, die bei den Männchen fehlen. Nach ca. 6–9 Monaten sind die Nymphen adult, und sie können anschließend noch ein Alter von bis zu einem Jahr erreichen.

Haltungsbedingungen: *Extatosoma tiaratum* sollte bei Temperaturen von 18–25 °C gehalten werden, jedoch toleriert die Art auch eine kurzzeitige Absenkung auf 15–19 °C. Bei diesen Temperaturen ist die Entwicklung allerdings verlangsamt. Täglich bis jeden zweiten Tag sollte gesprüht werden.

Aufgrund der Degeneration bei parthenogenetischer Vermehrung sollte dafür gesorgt werden, dass in mindestens jeder zweiten, besser jedoch in jeder Generation Männchen zur Verfügung stehen. Auch das Einbringen von Exemplaren aus anderen Zuchten von Zeit zu Zeit ist ratsam.

Futterpflanzen: Verschiedene Rosengewächse wie Brombeere, Rose und Wildrosen werden angenommen. Eiche und Eukalyptus können als Zusatzfutter angeboten werden, jedoch fressen die Tiere diese Futtersorten unterschiedlich gerne.

Die Gattung *Haaniella* Kirby, 1904

Aus dieser Gattung befinden sich mehrere Arten in Zucht. Doch obwohl sie interessante Pfleglinge stellen, werden sie eher selten auf Insekten- oder Terraristikbörsen angeboten. Dies liegt u. a. an der langen Entwicklungszeit. Bis zum Schlupf der Nymphen aus den Eiern vergehen 10–12 Monate, und erst nach weiteren 9–10 Monaten erreichen die Jungtiere die Geschlechtsreife.

Die aktuell in Zucht befindlichen Arten sind *Haaniella dehaanii* (PSG 126), *H. echinata* (PSG 26), *H. grayii* (PSG 125), *H. erringtoniae* (PSG 112), *H. saussurei* (PSG 177) und *H. scabra* (PSG 70). Sie ähneln sich alle sehr, weshalb ich hier lediglich eine allgemeine Beschreibung gebe.

Bei allen Arten existiert ein recht auffallender Geschlechtsdimorphismus. Männchen sind stets kleiner und von schmalerer Gestalt, sie erreichen je nach Art eine Größe von 7–9 cm. Weibchen sind besonders während der Eiproduktion sehr breit und prall. Sie können 10–12 cm messen. Beide Geschlechter sind teilweise mit Dornen besetzt und besitzen stark verkürzte Hinterflügel, mit denen sie knisternde Abwehrgeräusche produzieren können. Die Färbung ist ein hell- oder dunkelbrauner Grundton, der artspezifisch durch hellere Flecken und Musterungen aufgelöst wird.

Die adulten Tiere werden älter als die meisten anderen Phasmiden – sie können durchaus ein Alter von zwei Jahren erreichen.

Haaniella-Arten halten sich viel auf dem Boden auf; darin legen die Weibchen auch ihre Eier ab.

Haltungsbedingungen: *Haaniella*-Arten mögen es relativ feucht und mittelmäßig warm. Tempera-

Pärchen von *Haaniella erringtoniae*
Foto: A. Esch

Die Gattung *Haaniella*

Weibchen von *Haaniella erringtoniae*
Foto: A. Esch

Pärchen von *Haaniella dehaanii*
Foto: A. Esch

67

Die Gattung *Haaniella*

Pärchen von *Haaniella erringtoniae*
Foto: A. Esch

turen von 20–25 °C sind optimal. Aufgrund ihres hohen Feuchtigkeitsbedarfs eignet sich für diese Gattung besonders die Haltung in einem Aquarium mit Gazedeckel. In solch einem Becken kann man auch ausreichend Bodengrund und genügend Versteckmöglichkeiten einbringen. Da die Tiere nicht viel klettern, sollten sie die Futterzweige möglichst vom Boden aus erreichen können. Beim Austausch der Futterpflanzen muss man auf die kleinen Nymphen Acht geben, da sich diese gerne an die Pflanzen anschmiegen und so leicht übersehen werden können.

Futterpflanzen: Als Futterpflanzen eignen sich Brombeere und Eiche. Gelegentlich wird auch Efeu angenommen. Die Zweige können hier einfach in den feuchten Boden gesteckt werden. So bleiben sie frisch und sind gut für die Tiere erreichbar.

Hemiplasta falcata REDTENBACHER, 1908

PSG-Nummer: 285

Herkunft: Sulawesi

Beschreibung: Bei *Hemiplasta falcata* handelt es sich um eine sehr interessant gemusterte Stabschrecke. Weibchen sind etwa 7–8 cm lang und besitzen auf der Körperoberseite eine grüne Färbung. Die Unterseite ist schwarz, mit einer leichten, hellen Maserung. Kopf und Beine sind rot-schwarz gemustert. Die Flügel überdecken nur die Hälfte des Abdomens und weisen ein schwach rosafarbenes Analfeld auf. Männchen dagegen werden nur 5–6 cm groß und zeigen eine durchgehend dunkelgrüne Körperfärbung, die teilweise bis ins Anthrazit reichen kann. An den Beinen ist die gleiche Bänderung wie bei den Weibchen zu erkennen, allerdings schwächer, was an der unterschiedlich hellen Grundfärbung liegt. Die Flügel überdecken fast das gesamte Abdomen und sind rotbraun gefärbt. An den Seiten der Flügel befindet sich außerdem noch ein orangefarbener Streifen. Männchen sind sehr gute Flieger und nutzen dieses Verhalten auch zur schnellen Flucht.

Die Fortpflanzung erfolgt rein sexuell, und ungefähr zwei Monate nach der Ablage schlüpfen bereits die ersten Nymphen aus den länglichen Eiern. Nach weiteren nur 2–3 Monaten sind die Tiere adult. Dieser schnelle Lebenszyklus zeigt sich leider auch in der Lebenserwartung der Imagines, die lediglich etwa sechs Monate beträgt.

Haltungsbedingungen: Diese Art ist anspruchslos, normale Zimmertemperaturen sind vollkommen ausreichend. Für die nötige Luftfeuchtigkeit sollte alle 1–2 Tage gesprüht werden.

Futterpflanzen: Als *H. falcata* noch neu in der Terraristik war, gab es Probleme mit geeigneten Futterpflanzen, denn die Tiere nahmen nur Eukalyptus und *Hypericum* (Johanniskraut) an. Doch inzwischen gibt es auch die ersten Populationen, die sich ausschließlich mit Brombeerblättern großziehen lassen. Manche Tiere nehmen zudem Eiche als Zusatzfutter an.

Paar von *Hemiplasta falcata*
Foto: A. Esch

Hemiplasta falcata

Nymphe von *Hemiplasta falcata*
Foto: K. Kunz

Hemiplasta falcata

Heteropteryx dilatata (Parkinson, 1798)

Riesengespenstschrecke, Dschungelnymphe PSG-Nummer: 18

Herkunft: Malaysia und Süd-Thailand

Beschreibung: *Heteropteryx dilatata* ist allein durch die Erscheinung der Weibchen ein echtes Highlight, denn diese werden 15–17 cm groß und können ein Gewicht von bis zu 50 g erreichen. Die Oberseite ist meistens hellgrün, die Unterseite dunkelgrün gefärbt. Die braunen Männchen dagegen erreichen nur eine Größe von 12–13 cm und wirken im Vergleich zu den Weibchen zierlich. Sie besitzen jedoch gut ausgeprägte Flügel, die das gesamte Abdomen überragen und lilafarbene Töne aufweisen. Im Gegensatz zu den Weibchen sind sie auch flugfähig. Weibchen besitzen nur reduzierte Flügelpaare, mit denen sie aber bei Bedrohung knisternd-rauschende Geräusche erzeugen können.

Beide Geschlechter tragen deutliche Dornen an den Schenkeln ihrer Hinterbeine, mit denen sie nach potenziellen Feinden schlagen können. Diese Dornen können sogar die menschliche Haut durchdringen.

Parthenogenese ist von *H. dilatata* nicht bekannt. Nach der Paarung beginnt das Weibchen, die Eier mit seinem Legebohrer einzeln in der Erde zu versenken, selten lässt es sie auch einfach nur fallen. Nach sieben Monaten können die ersten Nymphen schlüpfen, allerdings ist eine Inkubationszeit von bis zu 18 Monaten nicht selten. Auch die Entwicklung der Nymphen dauert mit 12–36 Monaten sehr lange und ist stark temperaturabhängig. Adulte Tiere können noch 6–12 Monate weiterleben.

Bei *H. dilatata* lassen sich schon früh weibliche und männliche Nymphen unterscheiden, da sie sich in Färbung und Körperbau sehr unterschiedlich entwickeln.

Haltungsbedingungen: Die Temperaturen sollten bei etwa 23–30 °C liegen, allerdings werden auch Werte bis herunter auf 19 °C toleriert. In diesem Fall dauert die Entwicklung

Kopulierendes Pärchen von *Heteropteryx dilatata*
Foto: A. Esch

natürlich länger. Eine Lampe über dem Terrarium kann für die nötigen Temperaturen sorgen, wobei beachtet werden muss, dass die Tiere bei warmer Haltung mehr Feuchtigkeit benötigen. Daher sollte das Sprühintervall je nach Temperatur angepasst werden. Im Schnitt sollte ungefähr alle 1-2 Tage gesprüht werden.

Im Terrarium sollte entweder ein mindestens 5 cm hoher Bodengrund eingebracht werden oder ein entsprechend geeigneter und mit Substrat gefüllter Behälter, damit das Weibchen seine Eier ablegen kann. Wenn man sich vor einer Verletzung durch die Dornen an den Hinterbeinen der Tiere schützen möchte, empfiehlt sich das Tragen einfacher Gartenhandschuhe.

Futterpflanzen: Auch *H. dilatata* nimmt verschiedene Rosengewächse wie Brombeere oder Rose als Futter an. Einige Tiere fressen zusätzlich auch Eichenblätter.

Hoploclonia gecko (WESTWOOD, 1859)

PSG-Nummer: 110

Herkunft: Malaysia, Philippinen

Beschreibung: *Hoploclonia gecko* ist die Kleinste der drei in der Terraristik vertretenen Arten der Gattung. Alle fallen durch eine im Vergleich zu anderen Phasmiden geringe Größe auf und sind bisher eher selten in den Terrarien zu finden.

Beide Geschlechter sind unscheinbar dunkelbraun gefärbt. Das Männchen von *H. gecko* wird max. 3 cm groß und hat einen orangebraunen Strich auf der Oberseite von Thorax und der ersten Abdomenhälfte. Das bis zu 4 cm große Weibchen weist eine unterschiedlich stark ausgeprägte hellbraune Musterung auf.

Die Eier werden vom Weibchen einzeln in der Erde vergraben, nach etwa 3-5 Monaten schlüpfen die Nymphen. Bis zur Adulthäutung vergehen bei dieser langlebigen Art 7-8 Monate.

Besonders die Nymphen verstecken sich gerne in und an vertrockneten Blättern, weshalb bei einem Futterwechsel die alten Zweige genauestens durchsucht werden müssen.

Haltungsbedingungen: Ähnlich wie *Epidares nolimetangere*

Männchen von *Hoploclonia gecko* erreichen nur Längen von max. 3 cm, Weibchen werden bis zu 4 cm groß
Foto: A. Esch

Tisamenus serratorius STÅL, 1877

Auf ähnliche Weise wie bei *Hoploclonia gecko* beschrieben kann auch die in der Terraristik noch relativ neue, ähnlich große Spezies *Tisamenus serratorius* (PSG314) gehalten werden.

lässt sich *H. gecko* auch in kleinen Terrarien gut halten. Aufgrund der Art der Eiablage ist hier ebenfalls ein Bodengrund sehr wichtig. Ebenfalls nicht fehlen dürfen Versteckmöglichkeiten in Form von Rinde. Wie bei den meisten Arten reichen Zimmertemperatur und normale Helligkeit aus, und es sollte alle 1–2 Tage gesprüht werden.

Futterpflanzen: Diese Art frisst verschiedene Rosengewächse. Gerne werden neben Brombeere auch Blätter der Erdbeere angenommen. Aber auch Eiche und Buche kann angeboten werden.

Hypocyrtus vittatus (WESTWOOD, 1859)

PSG-Nummer: 297

Herkunft: Mexiko

Männchen von *Hypocyrtus vittatus*
Foto: A. Esch

Beschreibung: *Hypocyrtus vittatus* gehört zu den Rindennachahmern. Die Tiere sind tagsüber meist eng an Äste oder andere natürliche Einrichtungsgegenstände gepresst, wo sie durch ihre Musterung und die unregelmäßigen Körperseiten nur schwer auszumachen sind. Besonders die Nymphen kann man leicht übersehen.

Vor allem bei den etwa 8–10 cm großen Weibchen ist diese Art der Tarnung gut ausgeprägt. Sie sind mittel- bis hellbraun gefärbt und tragen dorsal (oberseits) unregelmäßige weiße Flecken, die jedoch bei einzelnen Individuen auch fehlen können. Bei den Männchen verliert sich diese Tarntracht im Lauf ihrer Entwicklung. Als Adulti sind sie stabförmig, ca. 7 cm lang und weisen eine dunkelbraune Färbung auf.

Beide Geschlechter besitzen ein rudimentär ausgebildetes Paar Flügel. Das Costalfeld ist rosa gefärbt. Bei Bedrohung stellen die Tiere die Flügel auf, sodass das rote Analfeld zum Vorschein kommt.

Weibchen von *Hypocyrtus vittatus*
Foto: A. Esch

Die Fortpflanzung erfolgt bei dieser Art sexuell, die Eier werden vom Weibchen einfach fallen gelassen oder weggeschleudert. Nach sechs Monaten schlüpfen die Nymphen, die sich innerhalb von 6–7 Monaten zur Imago entwickeln. Die adulten Tiere erreichen meist noch ein Alter von über neun Monaten.

Haltungsbedingungen: Zur Haltung dieser Art reichen Zimmertemperatur und ein tägliches Besprühen der Einrichtung. Es sollten Versteckmöglichkeiten in Form von Rinden oder Korkstücken angeboten werden, da sich die Tiere mitunter tagsüber darunter verstecken.

Futterpflanzen: Als Futter werden Brombeere und Eiche angenommen. Andere Rosengewächse sowie Buche und Erle können zusätzlich angeboten werden.

Lamponius guerini (Saussure, 1868)

Guadeloupe-Stabschrecke   PSG-Nummer: 101

Herkunft: Guadeloupe

Beschreibung: Beide Geschlechter von *Lamponius guerini* weisen in den Terrarienpopulationen eine variable Rückenzeichnung auf. Diese besteht aus weißen oder gelblichen Flecken mit einem unterschiedlichen Anteil schwarzer Stellen. Bei den Exemplaren einer Generation kann diese Rückenzeichnung verschieden ausgeprägt sein, weist aber stets ein deutliches Grundmuster auf.

Die Grundfarbe der Tiere liegt bei den etwa 10 cm großen Weibchen zwischen Beige und Rotbraun, bei den mit 8 cm Länge nur wenig kleineren Männchen ist es meist ein dunkelbrauner Ton. Letztere besitzen zudem dunkelgrüne Beine sowie eine deutlich schlankere Gestalt. Auffallend bei den Weibchen ist die lobenartige Verbreiterung der Segmente am Abdomenende.

Lamponius guerini ist sowohl zur sexuellen als auch zur parthenogenetischen Fortpflanzung fähig.

Paar von *Lamponius guerini*, gefleckte Form
Foto: A. Esch

Wie bei vielen anderen Phasmiden werden die Eier einfach weggeschleudert. Die Nymphen benötigen etwa vier Monate bis zum Schlupf sowie weitere 4–5 Monate bis zur Imaginalhäutung. Bereits ab der dritten Entwicklungsstufe können die Geschlechter unterschieden werden: Weibchen sind dann schon massiger und weisen deutlich die Loben am Abdomen auf. Nach Erreichen der Geschlechtsreife leben die Tiere meist noch 9–12 Monate.

Die Art zeichnet sich durch eine hohe Reproduktion mit ebenfalls hoher Schlupfrate aus. Durch die etwas langsamere Entwicklung besteht aber dennoch keine große Gefahr einer „Überbevölkerung" wie bei manch anderen Stabschreckenarten.

Haltungsbedingungen: *Lamponius guerini* lässt sich gut bei Zimmertemperatur halten. Die Tiere benötigen eine mittlere Luftfeuchtigkeit, weshalb alle zwei Tage im Behälter gesprüht werden sollte. Bei den Nymphen sollte man sogar täglich sprühen.

Obwohl *L. guerini* sich auch parthenogenetisch fortpflanzen kann, ist auf Dauer die zweigeschlechtliche Zucht vorzuziehen, da die Tiere sonst an Vitalität verlieren.

Futterpflanzen: Als Futter wird neben den verschiedenen Standard-Rosengewächsen wie Brombeere auch Eiche angenommen.

Lobolibethra sp. „Lima"

PSG-Nummer: 291

Herkunft: Peru

Beschreibung: Diese kleine Art ist erst vor Kurzem entdeckt worden und in die Zuchten gelangt. Daher trägt sie auch noch die vorläufige Bezeichnung *Lobolibethra* sp. „Lima". Weibchen erreichen eine Größe von nur 5–6 cm, Männchen werden gerade mal 4 cm groß. Damit gehört diese Art zu den kleineren Phasmiden.

Beide Geschlechter sind einheitlich braun gefärbt, bei den Weibchen reicht das Spektrum jedoch von Hellbraun bis Dunkelbraun. Eine parthenogenetische Vermehrung ermöglicht es auch dieser Art, in Abwesenheit von Männchen das Fortbestehen zu sichern. Allerdings ist bisher noch nicht bekannt, inwieweit solche Populationen stabil bleiben.

Sobald das Weibchen beginnt, Eier zu produzieren, schwillt sein Abdomen stark an. Die auf den Boden fallen gelassenen Eier benötigen etwa 2–4 Monate bis zum Schlupf der Nymphen. Die Jungen können anfangs aufgrund ihrer geringen Größe leicht übersehen werden. Sie benötigen nur drei Monate bis zur Imaginalhäutung und leben anschließend noch 6–9 Monate.

Haltungsbedingungen: Bisher konnte diese Art gut bei Temperaturen von 18–25 °C gepflegt werden. Alle zwei Tage sollte im Terrarium gesprüht werden. Ansonsten handelt es sich um eine unkomplizierte Art, die eine schöne Abwechslung zu den sonst oftmals mehr als doppelt so großen Stabschrecken-Arten darstellt.

Futterpflanzen: Als Futter sind Brombeere und Himbeere geeignet. Andere Rosengewächse werden unterschiedlich gern angenommen.

Weibchen von *Lobolibethra* sp. „Lima"
Foto: A. Esch

Die Männchen sind kleiner und schlanker gebaut als die Weibchen
Foto: A. Esch

Lonchodiodes samarensis (Conle & Hennemann, 2007)

Knick-Stabschrecke PSG-Nummer: 230

Herkunft: Philippinen, Insel Samar

Lonchodiodes samarensis lässt sich bei Zimmertemperatur halten
Foto: A. Esch

Beschreibung: Bei dieser erst vor Kurzem beschriebenen Art handelt es sich um eine klassische flügellose Stabschrecke. Weibliche Nymphen zeigen eine intensivere Zeichnung auf ihrem grün gefärbten Körper als die bis zu 12 cm großen adulten Weibchen. Über Körper und Beine erstreckt sich eine braun-weiße Musterung, die u. a. die Gelenke und die Ansatzstellen der Beine betont.

Männchen hingegen sind braun gefärbt und besitzen dunkelgrüne Beine. Kopf und die Gelenke können eine orangerote Färbung aufweisen. Sie bleiben mit 8–9 cm geringfügig kleiner als die Weibchen.

Die Fortpflanzung erfolgt sexuell. Aus den weggeschleuderten Eiern schlüpfen nach 3–4 Monaten die Nymphen. Diese brauchen etwa 3–5 Monate, bis sie sich zur Imago häuten.

Haltungsbedingungen: Wie viele Stabschrecken ist auch diese Art einfach zu halten und vermehrt sich mitunter stark. Sie benötigt normale Zimmertemperatur, und alle 1–2 Tage sollte im Terrarium gesprüht werden. Auch andere Arten der Gattungen *Lonchodiodes* und *Lonchoides* können in dieser Weise gehalten werden.

Futterpflanzen: *Lonchodiodes samarensis* lässt sich hervorragend auf Brombeere pflegen. Auch Eiche, Buche und andere Futterpflanzen werden gelegentlich angenommen.

Mearnsiana bullosa (Rehn & Rehn, 1939)

Bunte Dornschrecke PSG-Nummer: noch nicht vergeben

Herkunft: Philippinen

Beschreibung: Die Bunte Dornschrecke ist farblich wahrlich nicht mit anderen Dornschrecken vergleichbar. Zwar sind die ca. 9 cm großen Weibchen mit ihrer glänzend grün-braunen Körperfarbe optisch nahe an den Weibchen anderer Dornschrecken der Gattungen *Aretaon*, *Brasidas* und *Trachyaretaon*, jedoch machen die Männchen ihrem deutschen Namen alle Ehre.

Sie sind adult etwa 5 cm groß und besitzen an Kopf, Beinen und am Abdomen auch eine grüne Färbung. Thorax und Schenkel sind allerdings sowohl auf der Ober- als auch auf der Unterseite matt orange gefärbt. Außerdem weisen die Gelenke der drei Beinpaare sowie die Segmentgrenzen und die Oberseite des Abdomens eine gelbe Färbung auf. Um das Farbspektrum von

Mearnsiana bullosa

Nymphe von *Mearnsiana bullosa*
Foto: K. Kunz

M. bullosa zu vervollständigen, findet man an den Abdomenseiten eine dunkelrote Musterung.

Die nach etwa fünf Monaten aus in die Erde gelegten Eiern schlüpfenden Nymphen sind zunächst noch dunkelbraun bis schwarz gefärbt und laufen viel im Terrarium umher. Mit der ersten Häutung erhalten sie eine braun-grüne Tarntracht und schmiegen sich vorwiegend eng an die Äste. Die Tarnfärbung behalten beide Geschlechter bis zur Adulthäutung, die Männchen nach 5–6, Weibchen allerdings erst nach 6–7 Monaten durchlaufen. Trotz der gleichen Nymphenfärbung kann man die Geschlechter schon ab dem dritten oder vierten Stadium anhand der beginnenden Ausbildung des Legestachels weiblicher Nymphen unterscheiden.

Beide Geschlechter können als adulte Tiere noch 12–18 Monate leben.

Haltungsbedingungen: Die Bunte Dornschrecke lässt sich ähnlich wie andere Dornschrecken gut bei Zimmertemperatur und ohne zusätzliche Beleuchtung halten. Es reicht aus, alle 1–2 Tage zu sprühen. Wichtig sind ein etwa 5 cm hoher Boden-

Eier von *Mearnsiana bullosa*
Foto: K. Kunz
Foto: K. Kunz

Mearnsiana bullosa

Mearnsiana bullosa trägt ihren Namen „Bunte Dornschrecke" zu Recht; hier ein Männchen, ...
Foto: A. Esch

grund und ein Angebot an Versteckmöglichkeiten und Kletterästen, auch wenn sich viele Nymphen an den Futterzweigen aufhalten werden.

Futterpflanzen: Diese Art frisst verschiedene Rosengewächse, Brombeere wird auch als alleiniges Futter angenommen. Eiche und Salat sollen ebenfalls akzeptiert werden.

... und hier das Weibchen
Foto: A. Esch

Medauroidea extradentata (BRUNNER V. WATTENWYL, 1907)

Annam-Stabschrecke   PSG-Nummer: 5

Herkunft: Vietnam, Annam

Beschreibung: Die Annam-Stabschrecke ist wahrscheinlich eine der am häufigsten im Terrarium gepflegten Phasmiden. Dies liegt zum einen an der einfachen Haltung, aber auch an dem zahlreichen Nachwuchs, den die Art produziert.

Die etwa 10–12 cm großen Weibchen und die ca. 7 cm großen Männchen unterscheidet außer der Größe hautsächlich der Körperumfang. Die beinahe schon filigranen Männchen weisen eine dunkelbraune Färbung auf, bei den Weibchen reicht das Farbspektrum von sämtlichen Brauntönen über Grün bis hin zu fast schwarzen Individuen. Es gibt auch Exemplare, die gemischte Farben aufweisen, sodass beispielsweise nur die Beine grün sind, der Körper jedoch Brauntöne zeigt. Allerdings verschwinden solche interessanten Färbungen oft mit der Imaginalhäutung. Weibchen besitzen auf ihrem Kopf zwei kleine „Hörner".

Von *M. extradentata* ist sowohl geschlechtliche als auch parthenogenetische Vermehrung bekannt. Obwohl Männchen in den entsprechenden Zuchtpopulationen recht häufig sind, gibt es auch viele Zuchten, die seit einigen Generationen ohne männliche Exemplare existieren. Bisher konnte noch nicht nachgewiesen werden, dass innerhalb der parthenogenetischen Populationen mit der Zeit Degenerationen zu verzeichnen wären.

Die Eier werden von den Weibchen weggeschleudert und benötigen ungefähr 2–4 Monate zu ihrer Entwicklung. Die geschlüpften Nymphen wachsen in den darauffolgenden 4–6 Monaten zu adulten Tieren heran, die dann meist noch über ein Jahr lang leben. Diese Art ist sehr vermehrungsfreudig, sodass es schnell zu Überbevölkerung im Terrarium kommt, wenn man die Eier nicht kontrolliert sammelt und nötigenfalls dezimiert.

Medauroidea extradenta
Foto: Hemera/Thinkstock

Teilweise wird *Medauroidea extradentata* auch noch unter der alten Bezeichnung *Baculum extradentatum* geführt.

Haltungsbedingungen: Bei dieser anspruchslosen Art reichen Zimmertemperatur und normale Helligkeitsverhältnisse vollkommen aus. Etwa alle zwei Tage sollte im Terrarium gesprüht werden, doch auch tägliches Sprühen wirkt sich nicht nachteilig aus. Bei den Nymphen empfiehlt sich das tägliche Sprühen sogar.

Aufgrund der einfach zu erfüllenden Haltungsansprüche und der leichten Vermehrbarkeit ist diese Art sehr gut für Anfänger und Kinder geeignet.

Futterpflanzen: Als Futter eignen sich am besten die bekannten Rosengewächse wie Brombeere, Himbeere und Rose, aber auch Eichenblätter werden von den Tieren angenommen.

Weibchen von *Medauroidea extradentata*, helle Farbform
Foto: A. Esch

Myronides sp. „Peleng"

Türkise Stabschrecke   PSG-Nummer: noch nicht vergeben

Herkunft: Insel Pelleng (Sulawesi)

Beschreibung: Die Türkise Stabschrecke ist eine in der Zucht relativ neue, aber einfach zu haltende Phasmidenart. Beide Geschlechter sind stabförmig und unbeflügelt. Männchen sind mit maximal 8 cm etwas kleiner und dünner als die 9–10 cm langen Weibchen und weisen eine braune Körperfärbung auf. Der deutsche Name bezieht sich auf die Färbung der adulten Weibchen, die eine türkise Färbung besitzen.

Als Nymphen sind beide Geschlechter zunächst grün mit gelben Gelenken und färben sich erst nach ca. fünf Monaten mit der Imaginalhäutung um. Der Schlupf erfolgt nach 4–6 Monaten, bei einer Haltung bei etwa 23 °C auch schon nach drei Monaten. Adulte Exemplare leben ca. 6–8 Monate.

Haltungsbedingungen: Diese Stabschrecke sollte bei Temperaturen von etwa 20–

Weibchen von *Myronides* sp. „Peleng"
Foto: A. Esch

25 °C gehalten werden. Einmal am Tag sollte man sprühen. Ansonsten stellt die Art keine Ansprüche an ihre Unterbringung.

Futterpflanzen: Diverse Rosengewächse wie Brombeere, Himbeere, Erdbeere, Feuerdorn etc. werden angenommen. Aber auch beispielsweise Eiche, Buche oder Haselnuss akzeptieren diese Tiere als Futter. Zwar fressen nicht alle Individuen alle Pflanzensorten gleich gern, aber diese Art lädt aufgrund ihres weiten Futterspektrums zum Experimentieren ein.

Necroscia annulipes (Gray, 1835)

PSG-Nummer: 290

Herkunft: Malaysia

Beschreibung: *Necroscia annulipes* ist eine auffallend gefärbte Phasmide, die erst 2006 Einzug die Terrarien erhielt. Ihre Grundfarbe ist ein kräftiges Hellgrün, das schon beinahe im Bereich eines Neongrüns liegt. Die Unterseite ist gelblich, mit einem roten Schimmer. Auch die Beine weisen eine gelbe Färbung auf, die von schwarzen Bändern unterbrochen wird. Die hellgrünen Augen stellen ebenfalls eine auffällige Besonderheit dar. Vom Kopf erstreckt sich dorsal ein breiter, bräunlicher Streifen, der wiederum von farblich noch intensiveren braunen Streifen durchzogen wird, über den gesamten Körper. Diese Färbung überzieht auch das ebenfalls grün gefärbte Costalfeld der Hinterflügel. Die Vorderflügel weisen in dem entsprechenden Bereich eine nahezu schwarze Zeichnung auf,

Necroscia annulipes

Necroscia annulipes besticht durch herrliche Farben, hier ein Weibchen
Foto: A. Esch

in der sich mittig ein runder, gelber Fleck befindet. Werden die Flügel bei Bedrohung oder zum Flug auseinandergebreitet, wird das leuchtend rot gefärbte Analfeld sichtbar.

Interessant bei dieser Art ist die Eiablage: Nach der Paarung sticht das Weibchen die reißzahnförmigen Eier einzeln in das Bodensubstrat oder die Rückwand des Terrariums. Je nachdem, aus welchem Material die Rückwand besteht, kann man deutlich hören, wie das Weibchen mit viel Kraft die Eier hineinbefördert. Das dabei entstehende Geräusch erinnert an ein Hämmern. Selbst in eine Presskorkplatte werden die Eier auf diese Weise hineingedrückt.

Nach 6–7 Monaten schlüpfen die Nymphen, die innerhalb von 8–9 Monaten die Geschlechtsreife erreichen.

Haltungsbedingungen: Eine Temperatur von 20–23 °C ist ausreichend, alle 1–2 Tage sollte gesprüht werden. Aufgrund der speziellen Form der Eiablage sollten eine Rückwand und evtl. auch Seitenwände vorhanden sein, in die Weibchen ihre Eier stechen können. Zu harte Materialien sind jedoch ungeeignet.

Futterpflanzen: *Necroscia annulipes* lässt sich hervorragend mit Liguster ernähren. Teilweise akzeptieren die Tiere auch Schneebeere als Nahrung.

Neohirasea maerens (BRUNNER V. WATTENWYL, 1907)

Teppichschrecke   PSG-Nummer: 173

Herkunft: Vietnam

Beschreibung: Bei *N. maerens* besitzen sowohl die ca. 7–8 cm großen Weibchen als auch die 6–7 cm Länge erreichenden Männchen viele kleine, über den Körper verteilte Stacheln. Bei den Männchen sind diese etwas länger.

Beide Geschlechter besitzen eine braune Grundfärbung mit einer schwarzen Zeichnung, die unterschiedlich stark ausgeprägt sein kann. *Neohirasea maerens* verfügt über ein harzig bis rauchig riechendes Abwehrsekret, das sehr schnell von den Tieren abgegeben werden kann. Man riecht es sofort, wenn man mit ihnen hantiert, es ist jedoch keine schädliche Wirkung bekannt. Die Tiere sind relativ agil und laufen im Gegensatz zu anderen Phasmidenarten bei Störung schnell weg.

Die Fortpflanzung erfolgt sexuell, wobei es bei Abwesenheit von Männchen auch zu einer parthenogenetischen Vermehrung kommen

Neohirasea maerens
Foto: B. Trapp

Männchen von Neohirasea maerens — Foto: A. Esch

noch sehr kleinen Tiere wachsen in den folgenden 4–6 Monaten zu adulten Exemplaren heran. Aufgrund der großen Ähnlichkeit der Geschlechter ist eine Bestimmung meist erst in den letzten Entwicklungsstufen möglich. Adulte Tiere haben noch eine Lebenserwartung von 6–9 Monaten.

Haltungsbedingungen: *Neohirasea maerens* stellt keine besonderen Ansprüche an die Haltung. Normale Zimmerhelligkeit und Temperaturen von 18–25 °C sind vollkommen ausreichend. Eine Luftfeuchtigkeit von ca. 70 % ist empfehlenswert und durch tägliches Sprühen zu erreichen.

Bei einer parthenogenetischen Vermehrung dauert die Entwicklung der Eier etwas länger, und es schlüpfen nur Weibchen. Auf Dauer bleibt eine rein parthenogenetische Population nicht stabil, weshalb immer auch Männchen in der Zucht sein sollten. Unter gleichen Bedingungen lässt sich auch die sehr ähnliche Art *Neohirasea* sp. pflegen.

Futterpflanzen: kann. Aus den weggeschleuderten Eiern schlüpfen nach etwa vier Monaten die Nymphen. Die zunächst *Neohirasea maerens* frisst verschiedene Rosengewächse wie Brombeere oder Rose, aber auch Eiche und Buche.

Neophasma subapterum REDTENBACHER, 1908

PSG-Nummer: 299

Herkunft: Venezuela

Beschreibung: *Neophasma subapterum* ist zwar schon lange bekannt, allerdings hat die Art bisher in der Terraristik keine weite Verbreitung erfahren. Dabei handelt es sich um eine auffallende Phasmide: Beide Geschlechter sehen einander sehr ähnlich und unterscheiden sich hauptsächlich durch die Größe. Weibchen werden mit 5–6 cm nur geringfügig länger als Männchen, die eine Körpergröße von lediglich 4 cm erreichen. Der Körper ist meist schwarzbraun gefärbt, doch gibt es auch Individuen, die eine dunkelrote Färbung oder Schattierung aufweisen. Die Tiere besitzen zwei rudimentärer Flügellappen, auf denen ein deutliches Netzsystem aus Adern zu erkennen ist. Die Adern sind auf den Vorderflügeln gelb, auf den Hinterflügeln dagegen rot gefärbt.

Neophasma subapterum besitzt ein vergleichsweise aggressives Wehrsekret, das bei Bedrohung abgesondert wird.

Die Fortpflanzung erfolgt sexuell, und das Männchen verbleibt in der Regel auch nach der Paarung auf dem Rücken des Weibchens und lässt sich von diesem manchmal bis zu seinem Lebensende tragen. Während dieser Zeit kommt es immer wieder zu erneuten Paarungen. Aus den Eiern schlüpfen nach 3–5 Monaten die Nymphen, die nach weiteren 3–4 Monaten adult sind.

Haltungsbedingungen: *Neophasma subapterum* lässt sich gut bei Zimmertemperatur halten. Um im Terrarium eine ausreichende Feuchtigkeit zu erhalten, sollte im Terrarium alle zwei Tage gesprüht werden.

Weibchen von *Neophasma subapterum*
Foto: A. Esch

Rotes Männchen von
Neophasma subapterum
Foto: A. Esch

Aufgrund des Wehrsekretes der Art ist beim Umgang mit den Tieren eine gewisse Vorsicht geboten. Bei Kontakt mit den Schleimhäuten kann das Sekret Reizungen verursachen. Daher sollte man nach dem Hantieren im Terrarium oder dem Kontakt mit den Tieren die Hände gründlich waschen.

Futterpflanzen: Als Futterpflanze eignet sich hervorragend Liguster. Auch Schneebeere oder Flieder werden gelegentlich angenommen, sollten jedoch nicht das Hauptfutter bilden. Einige Zuchtstämme nehmen inzwischen auch Brombeere als Futterpflanze an.

Oreophoetes peruana (SAUSSURE, 1868)

Peruanische Farn-Stabschrecke   PSG-Nummer: 84

Herkunft: Peru und Ecuador

Beschreibung: Bei *Oreophoetes peruana* handelt es sich um eine auffällig gefärbte tagaktive Art. Die etwa 8 cm großen Weibchen sind schwarz und besitzen gelbe bis rötliche Streifen an den Seiten sowie einen grünlichen Dorsalstreifen. Kopf, Abdomenende, Coxa und das Ende des Femurs sind ebenfalls wie die seitlichen Körperstreifen gelb bis rötlich gefärbt. Männchen sind mit einer Körperlänge von ca. 7 cm etwas kleiner und weisen eine rote Grundfärbung auf – allerdings erst nach der Adulthäutung, vorher tragen alle Nymphen die schwarz-gelbe Tracht der Weibchen. Eine Unterscheidung der Geschlechter ist in höheren Entwicklungsstadien dennoch möglich, da bei den Weibchen am ventralen Ende des Abdomens ein schwarzer Strich auszumachen ist, der männlichen Nymphen in der Regel komplett fehlt.

Bei dieser prächtig gefärbten Phasmide findet die Vermehrung rein sexuell statt. Die Nymphen schlüpfen nach etwa 3-4 Mo-

Weibchen von *Oreophoetes peruana*
Foto: A. Esch

Nymphe von *Oreophoetes peruana*
Foto: K. Kunz

Blick auf die Mundwerkzeuge von *Oreophoetes peruana*
Foto: K. Kunz

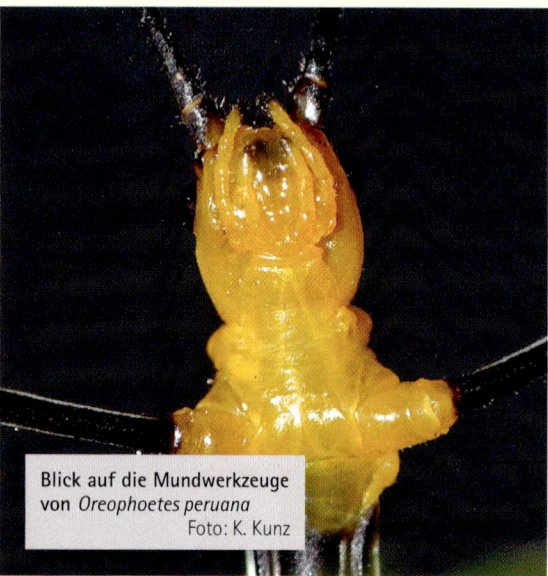

naten und benötigen ungefähr noch einmal die gleiche Zeit bis zur Imaginalhäutung. Als adulte Tiere können sie ein Alter von 6–10 Monaten erreichen, wobei die Männchen meist vor den Weibchen sterben. *Oreophoetes peruana* besitzt ein weißliches Abwehrsekret, das zwar „chemisch" riecht, jedoch bei Hautkontakt harmlos zu sein scheint. Man sollte dennoch aufmerksam sein und Kontakt mit den Schleimhäuten vermeiden. Im Terrarium setzen die Tiere ihr Abwehrsekret nur sehr selten ein.

Haltungsbedingungen: Diese Art kann hervorragend bei Zimmertemperatur und normaler Helligkeit gehalten werden. Sie mag es im Vergleich zu anderen Phasmiden sogar eher kühl. Besonders die Nymphen sollten nicht bei über 25 °C gehalten werden. Es empfiehlt sich, die Terrarieneinrichtung täglich zu besprühen, da diese Art eine hohe Luftfeuchtigkeit bevorzugt.

Futterpflanzen: Wie der deutsche Name schon verrät, fressen die Tiere heimische und exotische Farne. Bei gekauften Farnen sollte man am besten die Wedel gründlich abwaschen, um eventuell noch vorhandene Pestizide zu entfernen. Dazu kann man entweder den kompletten Farn für einige Zeit in einen Eimer Wasser stecken oder ihn gründlich abduschen. Beide Varianten können zur Sicherheit mehrfach wiederholt werden. In einigen Geschäften werden die Pflanzen allerdings nicht behandelt und von oben abgebraust. Dennoch schadet ein weiteres Abwaschen natürlich nicht.

Bei Farnen, die an Rändern landwirtschaftlich genutzter Flächen gesammelt werden, sollte man ebenso verfahren und sicherheitshalber die Wedel gründlich abwaschen, da sich hier ebenfalls Schadstoffe wie z. B. Pestizide abgelagert haben können.

Wunderschön gefärbt: Nymphe von *Oreophoetes peruana*
Foto: K. Kunz

Paramenexenus laetus (Kirby, 1904)

Grüne Stabschrecke   PSG-Nummer: 145

Herkunft: Vietnam

Beschreibung: Beide Geschlechter von *P. laetus* zeichnen sich durch eine leuchtend grüne Färbung auf der Körperoberseite aus, die Unterseite ist dunkelgrün. Die etwa 10 cm großen Weibchen besitzen aufgrund ihres verbreiterten Abdomens eine an ein Blatt erinnernde Form. Die stabförmigen Männchen sind ungefähr 8 cm lang und weisen einige kleine, schwarze Stacheln auf der Körperoberseite zwischen den Ansätzen der Vorder- und Mittelbeine auf. Diese deuten sich bereits in den letzten Nymphenstadien an, wodurch eine Geschlechtsbestimmung ermöglicht wird.

Die zunächst hellgrünen Nymphen schlüpfen nach etwa vier Monaten aus den weggeschleuderten Eiern. Nach 5-6 Monaten durchlaufen sie die Adulthäutung und leben anschließend noch weitere sechs Monate. Während ihrer Entwicklung geht zunächst die grüne Färbung verloren und wird durch ein sehr helles oder sehr dunkles Beige ersetzt. Vor der Imaginalhäutung schimmert dann bereits die spätere hellgrüne Färbung durch.

Parthenogenese ist bei dieser Art nicht bekannt.

Haltungsbedingungen: Solange die Raumtemperatur 20 °C nicht längerfristig unter-

Paar von *Paramenexenus laetus*
Foto: A. Esch

schreitet, benötigt man für *P. laetus* keine Heiz- oder Beleuchtungsquelle. Alle 1–2 Tage sollte die Terrarieneinrichtung übersprüht werden.

Futterpflanzen: Die Art frisst neben Brombeere auch andere Rosengewächse wie Weißdorn und Erdbeere. Weitere Futterpflanzen wie Eiche und Erle werden teilweise angenommen.

Parapachymorpha zomproi (FRITZSCHE & GITSAGA, 2000)

Zompros Stabschrecke PSG-Nummer: 224
Herkunft: Thailand

Beschreibung: Bei dieser mittelgroßen Stabschrecke handelt es sich um eine für den Einstieg in die Phasmidenhaltung gut geeignete Art. Die Weibchen werden etwa 9–10 cm groß und weisen eine schöne Zeichnung auf, wobei die Menge der schwarzen und weißen Zeichnungsanteile sowie deren Intensität variieren können. So können neben fast schwarzen Tieren auch beige Individuen in einer Population vorkommen. Am mittleren Beinpaar besitzen die Weibchen mehrere unterschiedlich große, halbrunde Anhänge, die ihre Körpersilhouette optisch auflösen.

Männchen sind etwas dünner und mit 7–8 cm auch kleiner als Weibchen. Sie sind schlicht dunkelbraun gefärbt und weisen weder Zeichnungen noch Körperanhänge auf.

Parapachymorpha zomproi ist neben der sexuellen Fortpflanzung auch zur Parthenogenese fähig. Dadurch entstehen immer wieder Terrarienpopulationen, die nur aus Weibchen bestehen. Bisher wurden keinerlei Beeinträchtigungen des Bestandes durch die ausschließlich asexuelle Vermehrung beobachtet.

Die kleinen Eier werden weggeschleudert, und nach drei Monaten schlüpfen die Nymphen, die anschließend weitere 3–4 Monate für ihre Entwicklung benötigen. Nach der Imaginalhäutung leben die Tiere noch 6–12 Monate.

Haltungsbedingungen: Diese unkomplizierte Art benötigt lediglich normale Zimmertemperatur, und eine Befeuchtung des Terrariums alle 1–2 Tage ist ausreichend.

Futterpflanzen: Als Futter werden verschiedene Rosengewächse wie Brombeere und Rose, aber auch andere Pflanzen wie Eiche oder Hasel akzeptiert.

Parapachymorpha zomproi ist ein ideales Einsteigertier
Foto: A. Esch

Periphetes forcipatus (BATES, 1865)

Grün-Orange Sulawesi-Stabschrecke   PSG-Nummer: 310

Herkunft: Sulawsi

Beschreibung: Auch diese schon früh wissenschaftlich beschriebene Art findet erst seit Kurzem den Weg in unsere Terrarien. Männchen können eine Größe bis 8 cm erreichen, Weibchen werden bis 9 cm lang. Geschlechtsdimorphismus und -chromatismus sind bei dieser Art im adulten Stadium stark ausgeprägt. Die Mannchen sind deutlich orangerot gefärbt, nur ihre Beine weisen einen grünen Farbschlag auf. Die Augen sind bei beiden Geschlechtern ebenfalls orange. Ansonsten weist das Weibchen keine Ähnlichkeiten mit dem Männchen auf. Es ist deutlich dicker und komplett grün gefärbt. Bei einigen Individuen bildet sich an den Oberschenkeln und auf der Thoraxoberseite eine braune Musterung aus.

Die Nymphen, die nach etwa 4–6 Monaten aus ihren Eiern schlüpfen, sind geschlechtsunabhängig grün gefärbt und besitzen schwarz gemusterte Beine.

Bis sie nach etwa vier Monaten ausgewachsen sind, ist eine Geschlechtsbestimmung sehr schwierig. Die Imagines leben nur etwa sechs Monate.

Haltungsbedingungen: Auch *P. forcipatus* kann bei Raumtemperatur ohne Probleme gehalten werden. Bei leicht erhöhten Werten von 21–24 °C entwickeln sich sowohl die Eier als auch die Nymphen etwa einen Monat schneller, jedoch könnten sich solche Temperaturen auf die maximale Lebensdauer der adulten Tiere negativ auswirken.

Diese Phasmiden verstecken sich tagsüber nicht hinter Rinde, weshalb genügend Äste zum Klettern und für die Häutung vorhanden sein müssen. Ein Sprühintervall von 1–2 Tagen reicht aus.

Futterpflanzen: Die Grün-Orange Sulawesi-Stabschrecke frisst die üblichen verschiedenen Rosengewächse.

Weibchen von Periphetes forcipatus
Foto: A. Esch

Eier von *Periphetes forcipatus* Foto: K. Kunz

Nymphe von *Periphetes forcipatus* Foto: K. Kunz

Peruphasma schultei (Conle & Hennemann, 2005)

Schwarze Pfefferschrecke, Rotgeflügelte Samtschrecke oder Peru-Stabschrecke   PSG-Nummer: 270

Herkunft: Peru

Beschreibung: *Peruphasma schultei* kommt ursprünglich nur in einem 5 ha großen Gebiet in Peru vor. Nach ihrer Entdeckung und Beschreibung im Jahr 2005 wurden Eier der Art und teilweise auch die Tiere selbst an Halter weltweit verschickt. Durch die recht einfache Nachzucht und das interessante Aussehen fand die Art schnell weitere Liebhaber, wodurch sie zu einem sehr häufigen Gast in den Terrarien geworden ist.

Weibchen von *P. schultei* werden ca. 7 cm, Männchen etwa 5–6 cm groß. Beide Geschlechter sind mattschwarz mit einem samtigen Schein und lassen sich neben der Größe nur noch durch die Masse unterscheiden, die bei Weibchen bedeutender ist. Sowohl Weibchen als auch Männchen besitzen nur noch rudimentäre Flügel, die sie bei Bedrohung oder zur Balz aufstellen. Dabei kommt das kräftig rot gefärbte Analfeld zum Vorschein. Hält eine Bedrohung an, sondern die Tiere ein weißliches Wehrsekret ab, das bei Kontakt mit den Schleimhäuten oder Augen zu Reizungen führt. Diese sind jedoch nur vorübergehend und hinterlassen keine bleibenden Schäden. Dennoch sollte man vorsichtig sein und sich nach dem Hantieren im Terrarium oder mit den Insekten gründlich die Hände waschen.

Eier von *Peruphasma schultei* Foto: K. Kunz

Drohendes Weibchen von *Peruphasma schultei*
Foto: A. Esch

Im Terrarium wird das Wehrsekret nach meinen Beobachtungen allerdings nur sehr selten abgesondert, wenn man es denn überhaupt mitbekommt. Bei Störung laufen die agilen Tiere eher davon.

Peruphasma schultei vermehrt sich rein sexuell. Auch nach der Paarung bleibt das Männchen oft noch auf dem Rücken des Weibchens sitzen und lässt sich von ihm herumtragen.

Die Weibchen schleudern ihre Eier weg, und nach 4–5 Monaten schlüpfen die Nymphen. Nach weiteren sechs Monaten erfolgt die Adulthäutung, und die Lebenserwartung der adulten Tiere beträgt dann etwa noch 6–9 Monate.

Da sich beide Geschlechter sehr ähnlich sehen, lassen sie sich als Nymphen zu Beginn nur schwer auseinanderhalten. Ab einer gewissen Größe (etwa L3 bis L4) kann man aber am Abdomenende ein Unterscheidungsmerkmal erkennen: Männliche Nymphen weisen ventral eine hervorstehende Erhebung auf, die bei seitlicher Betrachtung gut zu erkennen ist. Weiblichen Nymphen fehlt diese Erhebung. Ist man einmal auf dieses Merkmal aufmerksam geworden, gelingt die Geschlechtsbestimmung recht einfach.

Haltungsbedingungen: Auch bei dieser Art reicht Zimmertemperatur in einem normal beleuchteten Raum aus. Alle zwei Tage sollte leicht gesprüht werden. Die Eier können sogar Trockenperioden überstehen und anschließend Nymphen hervorbringen.

Futterpflanzen: Anders als viele andere Arten frisst *P. schultei* meist keine Rosengewächse. Es gibt zwar einzelne Individuen oder sogar ganze Populationen, die auch teilweise Brombeerblätter verzehren, jedoch scheinen diese keine bevorzugte Nahrung darzustellen.

Als Futterpflanzen eignen sich daher Liguster, Forsythie, Schneebeere sowie ihre natürliche Nahrung, der Pfefferbaum (*Lonicera nitida*). Auch Flieder kann zeitweise verfüttert werden.

Phaenopharos khaoyaiensis Zompro, 2000

Rotgeflügelte Stabschrecke   PSG-Nummer: 215

Herkunft: Thailand

Beschreibung: Die Gattung *Phaenopharos* umfasst drei recht große Arten. Neben der hier beschriebenen Spezies *P. khaoyaiensis* sind dies *P. herwaardeni* (PSG 104) und *P. struthioneus* (PSG 205), wobei die beiden letztgenannten seltener im Terrarium anzutreffen sind. Die hier für *P. khaoyaiensis* beschriebenen Haltungsbedingungen können auch auf *P. herwaardeni* übertragen werden. *Phaenopharos struthioneus* dagegen gilt als etwas heikler und anspruchsvoller.

Alle drei Arten besitzen kleine Flügelrudimente von roter Färbung, die sie bei Gefahr aufstellen. Im Terrarium kann man dies jedoch eher selten beobachten. Weibchen von *P. khaoyaiensis* können eine Größe von ca. 15 cm erreichen. Männchen sind bei dieser Art wissenschaftlich bisher nicht beschrieben. Es gibt jedoch Berichte im Internet, laut denen ein Männchen in der Zuchtpopulation aufgetreten sei.

Auch in meiner Zuchtgruppe erhielt ich in einer Generation ein Männchen oder zumindest ein stark gynandromorphes Tier, das deutlich von den Weibchen abwich. Es war dünner und nur um die 9 cm groß. Die Körperfärbung war dunkler, und die beiden letzten Beinpaare wiesen eine starke Grünfärbung auf.

Ich konnte sogar eine Kopulation bzw. einen Versuch dazu beobachten, was die These stützt, dass es sich um ein Männchen handelte. Allerdings bestand die Folgegeneration wieder nur aus Weibchen. Daher kann die die Fortpflanzung zumindest unter Terrarienbedingungen als rein parthenogenetisch angesehen werden.

Die Eier werden von den reifen Weibchen fallen gelassen oder weggeschleudert. Nach 4–5 Monaten schlüpfen die im Vergleich zum Ei bereits erstaunlich großen Nymphen. Diese sind nach weiteren 4–5 Monaten adult und beginnen nach einigen Wochen ihrerseits mit der Eiablage. Die Imagines haben eine Lebensspanne von 6–9 Monaten.

Haltungsbedingungen: Für *P. khaoyaiensis* sind Temperaturen von 20–25 °C optimal, wobei keine zusätzliche Heizquelle am Terrarium angebracht werden muss. Auch gelegentliche kurzzeitige Absenkungen der Raumtemperatur auf bis zu 15 °C werden toleriert. Dies sollte jedoch nicht für einen längeren Zeitraum geschehen. Eine mittlere Luftfeuchtigkeit, wie sie sich durch ein zweitägiges Sprühintervall einstellt, ist ausreichend.

Futterpflanzen: Als Futter werden im Terrarium die „Standardpflanzen" wie verschiedene Rosengewächse und Eiche angenommen.

Weibchen mit mutmaßlichem Männchen von *Phaenopharos khaoyaiensis*
Foto: A. Esch

Die Gattung *Phenacephorus* (Brunner v. Wattenwyl, 1907)

Die Vertreter der Gattung *Phenacephorus* zeichnen sich insbesondere durch die bizarre Gestalt der Weibchen aus. Diese besitzen unregelmäßig geformte Anhänge an Kopf, Körper und Beinen. Dadurch wird ihr Körperumriss stark verfremdet. Zusätzlich sind sie in der Lage, Kopf und Vorderbeine in einem Winkel von nahezu 90° zum Körper hin abzuknicken. Wenn sie so an die Zweige gepresst den Tag verbringen, sind sie nur schwer auszumachen. Die meist bräunliche Färbung mit einer variablen Musterung verstärkt den Tarneffekt noch zusätzlich.

Männchen sehen im Vergleich dazu eher unspektakulär aus und sind im Grunde einfach stabförmig. Die Fortpflanzung bei dieser Gattung erfolgt sexuell, auch wenn manche Arten vermutlich zur Parthenogenese fähig sind.

In der Terrarienzucht haben sich inzwischen fünf Arten etabliert, die jedoch unterschiedlich häufig anzutreffen sind. Zwei recht populäre Spezies stelle ich nachfolgend etwas genauer vor, bevor ich anschließend auf ihre Haltungsbedingungen eingehe.

Phenacephorus cornucervi (Brunner v. Wattenwyl, 1907)

Moos-Schrecke   PSG-Nummer: 73

Herkunft: Sabah

Beschreibung: Die Weibchen dieser Art werden 8–9 cm groß und weisen mitunter eine Besonderheit auf: Bei einigen Individuen färben sich die Körperanhänge hellgrün, wodurch der Eindruck entsteht, die Tiere seien mit Moos bewachsen. Die Körperfärbung kann sich zudem auch bis ins Gräuliche mit einer schwarzen Musterung verschieben.

Leider sind nicht alle Weibchen dieser Art so interessant gefärbt. Es gibt auch braune Exemplare, deren Anhänge ebenfalls bräunlich sind. Wie und unter welchen Gegebenheiten es zur Ausprägung dieser speziellen Färbung kommt, ist noch nicht bekannt.

Bei den Männchen existieren keine solchen Variationen, ihr Körper ist grünbraun. Mit 6–7 cm Länge bleiben sie kleiner als die Weibchen. An den Ansatzstellen der Beinpaare weist der Körper seitlich gelegene, dornenartige Verbreiterungen auf. Dorsal überzieht ihn ein rotbraunes Band. Diese rotbraune Färbung erstreckt sich auch schemenhaft bis auf das Abdomen. Das Femur des mittleren Beinpaares ist verdickt und weist an der Verbindung mit der Tibia mehrere kleine Dornen auf.

Die Inkubationszeit der Eier ist bei dieser Art recht kurz, und so schlüpfen die Nymphen bereits nach 2–3 Monaten. Jedoch benötigen sie mit 5–7 Monaten eine recht lange Zeit, bis sie das Adultstadium erreichen. Die Imagines leben dann meist noch über sechs Monate.

Weibchen von *Phenacephorus cornucervi*
Foto: A. Esch

Phenacephorus latifemur (Lorenzo, 2007)

Breitschenkel-Stabschrecke   PSG-Nummer: 312

Herkunft: Borneo

Beschreibung: Diese Art wurde erst 2007 beschrieben. Die Weibchen erreichen eine Größe von 9–10 cm und sind braun gefärbt. Am Kopf und den beiden vorderen Beinpaaren sowie am Abdomenende befinden sich Körperverbreiterungen. Besonders das mittlere Beinpaar ist stark verbreitert, während das hintere schmal ausgebildet ist. Ähnlich wie bei *P. cornucervi* gibt es auch bei dieser Art einfarbige Exemplare ebenso wie Individuen, die eine Zeichnung aufweisen. Bei den gezeichneten Tieren sind die Anhänge hell, teilweise weißlich gefärbt, und über den Körper ziehen sich unregelmäßig schwarze und weiße Musterungen.

Die rotbraunen Männchen bleiben mit 8–9 cm kleiner als die Weibchen. Sie sind wie die Männchen der zuvor beschriebenen Art stabförmig und besitzen ebenfalls am mittleren Beinpaar verdickte Schenkel, auf denen sich kleine Dornen befinden. Kurz vor dem Ansatz des letzten Beinpaares befinden sich dorsal zwei leicht nach hinten gerichtete Dornen, die an ihrer Basis dunkelrot und zur Spitze hin schwarz gefärbt sind. Der dunkelrote Farbton ist auch an verschiedenen anderen Körperstellen schemenhaft auszumachen.

Männchen besitzen ebenso wie Weibchen am Kopf Anhänge, die jedoch dünner und spitzer geformt sind.

Die Eier benötigen bei dieser Art eine längere Entwicklungszeit, sodass die Nymphen erst nach 5–7 Monaten schlüpfen. Dieselbe Zeitspanne brauchen sie dann auch bis zur Imaginalhäutung.

Haltungsbedingungen: Die hier genannten Haltungsparameter können im Grunde für alle momentan in Zucht befindlichen Arten der Gattung *Phenacephorus* angewandt werden. Im Allgemeinen handelt es sich um anspruchslose Tiere. Eine Zimmertemperatur von 20–23 °C sowie eine mittlere Luftfeuchtigkeit von 50–70 % sind ausreichend. Um diese Feuchte aufrechtzuerhalten, sollte alle 1–2 Tage im Behälter gesprüht werden.

Futterpflanzen: Als Futterpflanzen eignen sich neben Brombeere auch Eiche, Efeu, Haselnuss und *Hypericum*. Andere Rosengewächse wie Feuerdorn werden gelegentlich ebenfalls angenommen.

Pärchen von *Phenacephorus latifemur*
Foto: A. Esch

Die Gattung *Phyllium* Illger, 1798

Wandelnde Blätter

Aus der Gattung *Phyllium* stammen die in der Terraristik verbreiteten Arten, die wir als Wandelnde Blätter kennen. Zwar zeigen auch die Vertreter der Gattungen *Chitoniscus* Stal, 1875, *Nanophyllium* Redtenbacher, 1906 und *Microphyllium* Zompro, 2001 eine ähnliche Gestalt, doch sind sie bisher, wenn überhaupt, nur selten in der Terraristik vertreten und werden nur in geringen Zahlen vermehrt.

Gemeinsam ist allen Arten die blattähnliche Körperform, die sie in ihren natürlichen Futterpflanzen nahezu unsichtbar macht. Während die Weibchen meist einen breiten und flachen Körperbau aufweisen, sind Männchen deutlich schlanker und zudem flugfähig. Die Flügel der Weibchen dienen nur zur Verbesserung ihrer Tarnung, da die Flügeladern Blattadern ähneln.

Insbesondere Weibchen weisen ein großes Farbspektrum auf. Sie können einfarbig grün, gelblich, rötlich oder gescheckt sein. Im letzteren Fall zeigen die Tiere eine grüne Grundfarbe, auf der sie, ähnlich einem Blatt, das zu welken beginnt, an verschiedenen Stellen gelbbraune, unregelmäßige Flecken aufweisen. Das Auftreten dieser Farbmorphe wird u. a. durch Trockenheit sowie das Vorhandensein vertrockneter Blätter beeinflusst.

Männchen sind stets grün gefärbt und weisen meist nur wenige braune Stellen auf.

Einige Arten sind neben der sexuellen Fortpflanzung auch zur parthenogenetischen Vermehrung fähig. Bei der Paarung steigt das Männchen auf den hinteren Rückenbereich des Weibchens und biegt sein Abdomen meist um 90°, sodass es die auf der Unterseite gelegene Geschlechtsöffnung der Partnerin erreicht.

Die Eier werden vom Weibchen weggeschleudert und benötigen je nach Art 3–12 Monate bis zum Schlupf der ersten Nymphen. Diese besitzen bis einige Zeit nach dem Schlupf noch eine schwarze bis rotbraune Farbe und färben sich erst später grün. Die Entwicklungszeit sowie die Lebensdauer sind ebenfalls je nach Art unterschiedlich.

Die Geschlechter kann man bei den verschiedenen Spezies schon recht früh anhand des Abdomens bestimmen: Bei Männchen ist es rautenförmig und schließt relativ spitz ab, während es bei Weibchen bereits eine breite Erscheinung mit einem gewellten Ende hat, das an ein seitlich gedrehtes geschweiftes Klammerzeichen erinnert.

Haltungsbedingungen: Die in Zucht befindlichen *Phyllium*-Arten stellen alle sehr ähnliche Anforderungen an die Haltung. Aus diesem Grund gebe ich zunächst allgemeine Tipps zur Pflege und weise bei den nachfolgenden Beschreibungen der vier am häufigsten gehaltenen Arten nur auf deren jeweilige besondere Bedürfnisse hin.

Die meisten Spezies können bei Temperaturen von 18–25 °C ohne zusätzliche Beleuchtung gehalten werden. Wie bei vielen anderen Phasmiden gilt allerdings auch hier, dass sich die Entwicklung bei niedrigen Temperaturen verlangsamt. 18 °C stellen auch schon fast den untersten tolerierten Temperaturwert dar, günstiger ist eine Haltung ab 20 °C. Man sollte mindestens alle zwei Tage im Terrarium sprühen, bei Nymphen sogar besser täglich.

Eine Vergesellschaftung mit anderen Arten ist nach Meinung vieler Halter nicht empfehlenswert, da andere Phasmiden die Vertreter der Gattung *Phyllium* oftmals mit Futter verwechseln und anfressen. Ich persönlich habe Wandelnde Blätter schon gemeinsam mit anderen Phasmidenarten ge-

Die Gattung *Phyllium*

Wandelnde Blätter sind wahrhafte Tarnkünstler
Foto: photos.com/Thinkstock

pflegt, ohne dass es zu besonders starkem Fraß gekommen wäre. Hingegen konnte ich beobachten, dass die Wandelnden Blätter häufiger angefressen wurden, wenn das Terrarium zu stark besetzt war oder nicht ausreichend Futter bereitstand. In diesen Fällen bissen jedoch auch die Wandelnden Blätter in ihre Artgenossen. Ein absichtliches gegenseitiges Anknabbern scheint zwischen Individuen auch infolge von Standortkonkurrenz einzutreten. So wurde ich Zeuge, wie eine weibliche Nymphe eine andere so lange verfolgte und anfraß, bis sich diese schnell wegbewegte.

Eine Vergesellschaftung mit anderen Phasmidenarten kann also generell erfolgen, solange ausreichend Platz und Futter im Terrarium vorhanden sind. Hierfür eignen sich insbesondere Arten, die sich tagsüber mehr an Rückwänden oder in Versteckmöglichkeiten aufhalten und so die an den Blättern hängenden *Phyllium*-Vertreter nicht stören. Ebenso kommen Phasmiden in Betracht, die Futterpflanzen bevorzugen, die nur eine geringe Ähnlichkeit mit den Wandelnden Blättern aufweisen, wie beispielsweise Liguster oder Rhododendron fressende Arten. Allerdings muss bei einer solchen Vergesellschaftung auch stets genügend Platz vorhanden sein, um für beide Arten ausreichend Futter anbieten zu können.

Ein Terrarium mit mehreren *Phyllium*-Arten ist eine weitere Option, allerdings könnte es bei nah verwandten Arten zur Hybridisierung kommen.

Futterpflanzen: Die in den Zuchten befindlichen Wandelnden Blätter nehmen als Futterpflanzen Brombeere, Rose und andere Rosengewächse an. Eine weitere wichtige Futterpflanze ist Eiche.

Phyllium bioculatum Gray, 1832

Javanisches Wandelndes Blatt   PSG-Nummer: 10

Herkunft: Java

Beschreibung: Bei dieser Art zeichnen sich die ca. 8–9 cm großen Weibchen durch besonders große Loben an den Vorderbeinen aus. Der im Vergleich dazu kleine Kopf wird so perfekt verborgen. Männchen sind wie bei allen Arten der Gattung *Phyllium* deutlich kleiner als Weibchen, sie erreichen nur eine Größe von 5–6 cm. Ihr mittleres Beinpaar ist stets braun gefärbt, wodurch sich bereits Nymphen frühzeitig bestimmen lassen. Das Abdomen der Männchen ist breiter als das der Geschlechtsgenossen der meisten anderen Arten.

Phyllium bioculatum ist eine der Spezies, die sich auch parthenogenetisch fortpflanzen können. In Zuchten kommt es häufiger zu dieser Notlösung, da Männchen eine Häutung weniger bis zur Imaginalhäutung benötigen als die Weibchen, aber andererseits oftmals nur wenige Wochen leben, sodass sie meist sterben, bevor die Weibchen geschlechtsreif werden. Adulte Weibchen können hingegen ein Alter von zehn Monaten erreichen und legen nahezu über die komplette Zeitspanne Eier ab.

Die Nymphen benötigen vier bis manchmal sogar zwölf Monate, bis sie schlüpfen. Dies ist auch davon abhängig, ob sie aus befruchteten oder parthenogenetisch erzeugten Eiern schlüpfen. Bis zur Reifehäutung benötigen die zunächst orangerot gefärbten Nymphen etwa vier (Männchen) bzw. sechs (Weibchen) Monate.

Von *P. bioculatum* existieren noch zwei weitere Zuchtstämme, die aufgrund ihrer unterschiedlichen Herkunft jeweils eine eigene PSG-Nummer besitzen: PSG 59 aus Sri Lanka und PSG 60 aus West-Malaysia.

Besondere Anforderungen: Bei *P. bioculatum* handelt es sich um eine der anspruchsvollsten Arten der Wandelnden Blätter, die sich momentan in Zucht befinden. Dennoch wird sie schon seit Jahren erfolgreich gehalten und vermehrt.

Die Tiere benötigen eine Temperatur von 24–28 °C sowie eine Luftfeuchtigkeit von

Weibchen von *Phyllium bioculatum*
Foto: A. Esch

70-80 %. Bei zu starken und andauernden Abweichungen von diesen Werten sterben die Phasmiden. Außerdem sollte durch größere Lüftungsflächen eine ausreichende Frischluftzufuhr gewährleistet werden.

Besonders anspruchsvoll gestalten sich die ersten 3-4 Nymphenstadien, da die Tiere in dieser Phase oftmals nur zarte Pflanzenkost annehmen. Im Sommer empfiehlt es sich daher, die Nymphen mit feinen Trieben der Brombeere oder Rose sowie frischem Eichenlaub aufzuziehen. Steht solches Futter z. B. während der Wintermonate nicht zur Verfügung, schneidet man am besten die harten Ränder der Futterblätter ab.

Möchte man diese Art erfolgreich zweigeschlechtlich nachziehen, so sollte man die Nymphen nach Geschlechtern teilen und bei unterschiedlichen Temperaturen aufziehen. So hat man größere Chancen, dass die etwas kühler gehaltenen Männchen gleichzeitig mit den Weibchen geschlechtsreif werden und sich mit ihnen paaren können.

Oftmals werden Exemplare dieser Art noch unter dem Synonym *P. pulchrifolium* angeboten.

Phyllium westwoodii WOOD-MASON, 1875

Westwoods Wandelndes Blatt   PSG-Nummer: 128

Herkunft: Thailand und Sulawesi

Beschreibung: *Phyllium westwoodii* ist allgemein von schlankerer Gestalt als die zuvor beschriebene Art. Weibchen erreichen ebenfalls Größen von ca. 8-9 cm, Männchen werden lediglich 5-6 cm groß. Letztere sind komplett grün gefärbt und besitzen ein schmales Abdomen.

Parthenogenese ist bei dieser Art bisher nicht bekannt geworden, weshalb mindestens ein Männchen zur erfolgreichen Nachzucht benötigt wird.

Die Eier haben eine Inkubationszeit von 4-5 Monaten. Nymphen besitzen eine rotbraune Färbung mit weißen Flecken. Sie entwickeln sich innerhalb von weiteren 4-5 Monaten vollständig. Anschließend leben Weibchen noch 6-7 Monate, während Männchen meist schon nach 2-3 Monaten sterben.

Diese Art wurde bis zur Revision von HENNEMANN et al. (2009) in der Terraristik noch unter *P. celebicum* geführt. In der genannten Arbeit wurde dann belegt, dass es sich um *P. westwoodii* handelt. Die „echten" *P. celebicum* sind jedoch bei einigen wenigen Liebhabern ebenfalls in Zucht.

Besondere Anforderungen: Diese Art ist vergleichsweise einfach zu halten und stellt keine besonderen Ansprüche an Temperatur oder Luftfeuchtigkeit.

Weibchen von *Phyllium westwoodii*
Foto: A. Esch

Phyllium giganteum Hausleithner, 1984

Großes Wandelndes Blatt PSG-Nummer: 72

Herkunft: Malaysia

Beschreibung: Bei dieser Art handelt es sich um das größte momentan bekannte Wandelnde Blatt, das im Terrarium gepflegt wird. Weibchen erreichen eine Größe von 10–12 cm und sind mit einer Abdomenbreite von über 5 cm eine eindrucksvolle Erscheinung. Männchen werden ca. 7–8 cm groß und besitzen ähnlich wie die Männchen von *P. bioculatum* ein breites Abdomen. Obwohl sie in den Populationen in der Natur vorhanden sind, tauchen Männchen in der Terrarienzucht nur sehr selten auf. Die meisten Zuchtstämme in Menschenobhut sind daher rein parthenogenetisch, wobei sich bisher keine Degenerationen bemerkbar gemacht haben. Auch Versuche, in denen man Weibchen mit Männchen verpaarte, zeigten keine auffällige Veränderung hinsichtlich des Geschlechterverhältnisses der Nymphen.

Weibchen beginnen kurz nach ihrer Imaginalhäutung, Eier zu produzieren, die sie einfach wegschleudern. Nach einer Entwicklungszeit von 6–8 Monaten schlüpfen die Nymphen. Unmittelbar nach dem Schlupf sind die Nymphen rotbraun, sie färben sich erst in den folgenden Tagen nach Grün um. Mit jeder Häutung nehmen die Nymphen stark an Größe zu, nach ungefähr acht Monaten sind sie adult. Wie bei *P. bioculatum* können Weibchen anschließend noch ein Alter von bis zu zehn Monaten erreichen. Männchen leben als adulte Tiere jedoch nur wenige Tage bis Wochen.

Besondere Anforderungen: Diese Art benötigt höhere Temperaturen zwischen 22 und 30 °C. Eine wärmespendende Lichtquelle über dem Terrarium ist daher zu empfehlen. Täglich sollte so gesprüht werden, dass Wasser von den Blättern tropft. Wichtig ist dabei jedoch, dass eine ausreichende Luftzufuhr gewährleistet ist, sodass keine Staunässe entsteht. Trotz dieser etwas höheren Ansprüche ist diese Art ein ansonsten unkomplizierter Pflegling und durch seine Größe sowie Gestalt sehr attraktiv.

Als Futter bevorzugt *P. giganteum* Eiche gegenüber den üblichen Rosengewächsen. Brombeere wird aber ebenfalls als Hauptfutter angenommen.

Weibchen von *Phyllium giganteum*
Foto: A. Esch

Phyllium philippinicum Hennemann et. al, 2009

Philippinisches Wandelndes Blatt — PSG-Nummer: 278

Herkunft: Südostasien

Beschreibung: *Phyllium philippinicum* ist die wohl am häufigsten gehaltene Art ihrer Gattung. Beide Geschlechter ähneln sehr denen von *P. westwoodii* und *P. celebicum*. Weibchen erreichen eine Größe von ungefähr 7–9 cm, Männchen werden 5–6 cm lang.

Oftmals werden Exemplare dieser Art unter dem Namen *P. siccifolium* (Linné, 1758), PSG-Nummer 76, oder unter der zwischenzeitlich geläufigen Bezeichnung *Phyllium* sp. „Philippinen" angeboten. In der Tat ähneln sich die beiden Arten, jedoch sind bei genauerer Betrachtung die Unterschiede zu erkennen. „Echte" *P. siccifolium* kommen in der Hobbyzucht in der Regel nicht vor. Da sich *P. siccifolium* jedoch nicht so leicht halten und vermehren lässt wie *P. philippinicum*, ist es auch eher unwahrscheinlich, dass sich die Art in der Hobbyzucht halten wird. Dennoch ist zu erwarten, dass sowohl diese falsche Bezeichnung als auch der zusätzlich kursierende Name *Phyllium* sp. „Philippinen" in der Terraristik noch einige Zeit umhergeistern werden.

Diese Art pflanzt sich nur sexuell fort. 4–5 Monate nach der Eiablage schlüpfen die schwarzen Nymphen. Sie weisen am kompletten Körper eine symmetrische weiße Zeichnung auf, die wahrscheinlich zur besseren Nachahmung einer Ameisenart dient. Noch vor ihrer ersten Häutung beginnen sie jedoch, sich von der Mitte des Körpers her grün umzufärben. Dies geschieht nicht etwa durch die Aufnahme einer bestimmten Nahrung, sondern erfolgt auch bei Nymphen, die keine Nahrung erhalten.

Bis zur Imaginalhäutung vergehen dann 4–5 Monate, wobei auch bei dieser Art die Männchen früher adult werden. Aufgrund einer Lebenserwartung als Imago von ca. drei Monaten sind sie jedoch in der Lage, die etwas später geschlechtsreif werdenden Weibchen zu begatten. Diese leben noch etwa 6–9 Monate, wobei einzelne Tiere sogar bis zu einem Jahr als Imago überdauern können.

Besondere Anforderungen: Dass diese Art in der Terraristik so weit verbreitet ist, liegt vor allem an ihrer leichten Haltbarkeit. Sie lässt sich meist mit großem Erfolg unter normalen Zimmerbedingungen ohne technische Hilfsmittel vermehren. Dabei zeichnet sie sich sowohl durch eine große Anzahl abgelegter Eier als auch durch eine hohe Schlupfrate aus.

Zudem ist *P. philippinicum* eine der wenigen Arten, die sich auch bei Temperaturen von 18–23 °C gut entwickeln und sogar kurzzeitige Absenkungen auf 16–17 °C tolerieren. Besonders bei jungen Nymphen empfiehlt es sich, täglich im Terrarium zu sprühen, im fortgeschrittenen Stadium reicht es auch, wenn man nur noch jeden zweiten Tag sprüht.

Porträt eines Weibchens von *Phyllum philippinicum*
Foto: A. Esch

Phyllium philippinicum

Weibchen von *Phyllium philippinicum*
Foto: A. Esch

Pseudophasma acanthonotus (REDTENBACHER, 1906)

Venezuela-Stabschrecke
PSG-Nummer: 189

Herkunft: Peru, Venezuela

Beschreibung: Aus der Gattung *Pseudophasma* gibt es einige Vertreter, die in den heimischen Terrarien gepflegt werden. Stellvertretend möchte ich hier eine besonders interessante Art vorstellen.

Wie bei allen Spezies der Gattung sind auch bei *P. acanthonotus* beide Geschlechter geflügelt und flugfähig. Männchen und Weibchen unterscheiden sich nur durch die Größe; Erstere erreichen etwa 5–6 cm, Weibchen hingegen können bis zu 8 cm groß werden. Sie sind braun gefärbt und besitzen auffallend große, schwarz-weiß gebänderte Antennen. Die Beine sind zum Körper hin dunkler gefärbt. Direkt hinter dem Kopf mit den hellgelben Augen befinden sich zwei Reihen kleiner schwarzer Dornen.

Bei Bedrohung geben die Tiere sehr schnell ihr weißliches Wehrsekret ab, das zu Reizungen führen kann, weshalb man die üblichen Vorsichtsmaßnahmen beachten sollte.

Die Fortpflanzung erfolgt bei dieser Art rein sexuell. Das Männchen trennt sich in der Regel nicht mehr vom Weibchen, wenn es einmal dessen Rücken bestiegen hat. Nach etwa 4–5 Monaten schlüpfen die Nymphen aus den Eiern. Sie benötigen weitere fünf Monaten, bis sie adult sind.

Haltungsbedingungen: *Pseudophasma acanthonotus* lässt sich hervorragend bei Temperaturen von 20–25 °C halten. Die Tiere brauchen eine Versteckmöglichkeit, da sie sich tagsüber gerne im Dunkeln aufhalten.

Futterpflanzen: Wie die anderen Arten der Gattung *Pseudophasma* lässt sich auch *P. acanthonotus* mit Liguster ernähren.

Kopulierendes Pärchen von *Pseudophasma acanthonotus*
Foto: A. Esch

Ramulus artemis (WESTWOOD, 1859)

Grüne Vietnam-Stabschrecke   PSG-Nummer: 144

Herkunft: Vietnam

Beschreibung: *Ramulus artemis* ist in vielen Terrarien zu Hause. Es handelt sich um eine relativ groß werdende Stabschreckenart, die sich rein parthenogenetisch vermehren lässt. Männchen sind bisher in den Zuchtstämmen nicht bekannt geworden. Weibchen erreichen eine Körperlänge von ca. 12 cm und sind meist dunkelgrün gefärbt. Es gibt jedoch auch Exemplare, deren Grundton ins Graubraune schlägt. Die letzten beiden Segmente des Abdomens sind bräunlich.

Neben den relativ geringen Ansprüchen an die Haltung spricht auch der schnelle Generationszyklus für diese Art, die daher Anfängern zu empfehlen ist. Die Entwicklung vom Ei bis zum adulten Tier dauert nur maximal sechs Monate. Imagines haben eine Lebenserwartung von bis zu einem Jahr.

Die dünnen Eier werden einzeln weggeschleudert. Selbst in einem relativ trockenen Terrarium können die Nymphen nach 1–2 Monaten schlüpfen. Die Tiere neigen sehr schnell dazu, bei einer Störung ein Bein abzuwerfen. Besonders ältere adulte Exemplare weisen daher oft nur noch 3–5 Beine auf.

Haltungsbedingungen: *Ramulus artemis* eignet sich auch gut als Pflegling, wenn man mit der Phasmidenhaltung beginnt und noch über keine oder wenige Erfahrungen verfügt. Es ist eine sehr anpassungsfähige und unkomplizierte Art, die ohne zusätzliche Beleuchtung oder Heizung gehalten werden kann. Man braucht nur alle 2–3 Tage zu sprühen, wobei auch kürzere Sprüh-Intervalle sich nicht negativ auswirken.

Futterpflanzen: Als Futter werden im Terrarium verschiedene Rosengewächse und gelegentlich Eiche angenommen.

Weibchen von *Ramulus artemis*
Foto: A. Esch

Rhaphiderus spiniger (LUCAS, 1862)

Rhododendron-Schrecke   PSG-Nummer: 82

Herkunft: Madagaskar, Mauritius, La Réunion

Beschreibung: Bei *R. spiniger* handelt es sich um eine mittelgroße Phasmide. Weibchen bestechen durch ihre schöne grüne Farbe. Die Oberseite ist leuchtend grün, die Körperunterseite weist hingegen ein dunkleres Blassgrün auf. Auf dem Thorax, zwischen den ersten beiden Beinpaaren, haben die 7–8 cm großen Weibchen mehrere kleine Dornen, die an ihrer Basis hellorange gefärbt sind und sich zur Spitze hin verdunkeln.

Auch die Männchen weisen diese Dornen auf, allerdings nicht so zahlreich und auch weniger stark gefärbt und ausgeprägt. Männchen werden nur etwa 6 cm groß und zeigen eine braune Färbung. Am Abdomen sind die Segmentgrenzen manchmal grünlich gefärbt.

Selten kommen auch abweichende Farbmorphen bei beiden Geschlechtern vor. Solche Exemplare können bei den Weibchen orange, rote oder braune Farben zeigen, bei den Männchen können grüne Tiere auftreten.

Aus der Gattung *Rhaphiderus* gibt es noch eine zweite Art, die in Liebhaberkreisen gehalten wird: *Rhaphiderus scabrosus*, PSG-Nr. 83. Beide Arten werden oft miteinander verwechselt, sodass man sich oftmals nicht sicher sein kann, welche man erworben hat. Meist handelt es sich aber um *R. spiniger*, doch gibt es auch vereinzelte Zuchtpopulationen von *R. scabrosus*.

Die Weibchen von *R. scabrosus* sind mit 9–10 cm Größe massiger als die von *R. spiniger*. Ansonsten lassen sich die beiden Arten am besten anhand der Männchen unterscheiden. Im Fall von *R. scabrosus* sind diese dunkelgrün bis fast schwarz gefärbt und haben rote Augen. Sie werden mit 7–8 cm Körperlänge auch größer als ihre Verwandten und tragen auf dem Körper ein Muster in verschiedenen Tönen der Körperfarbe.

Rhaphiderus spiniger kann sich auch parthenogenetisch fortpflanzen, allerdings kommt es bereits nach wenigen Generationen

Die Weibchen von Rhaphiderus spiniger zeigen eine wunderschöne grüne Körperfärbung, ... Foto: A. Esch

... während die Männchen unscheinbarer braun gefärbt sind Foto: A. Esch

zu einer Abnahme von Körpergröße und Vitalität der Tiere. Daher sollte darauf geachtet werden, immer beide Geschlechter zu halten.

Für beide Arten gelten ungefähr die gleichen Entwicklungszeiten. 4-5 Monate nach der Eiablage ist mit dem Schlupf der Nymphen zu rechnen, die nach etwa vier weiteren Monaten adult sind.

Manchmal ist diese Art auch unter der Bezeichnung *Rhaphiderus spinigerus* anzutreffen.

Haltungsbedingungen: Beide Arten benötigen eine recht hohe Luftfeuchtigkeit, dies macht tägliches Sprühen notwendig. Gleichzeitig sollten die Temperaturen zwischen 18–25 °C liegen.

Futterpflanzen: *Rhaphiderus* benötigt Rhododendron als Futterpflanze. Diese langsam wachsende Pflanze hält sich lange im Terrarium, da die Tiere nur sehr wenig fressen. Man muss die frischen Blütenknospen abschneiden, da sich dort eine klebrige Substanz bildet, an der die Nymphen sonst hängen bleiben können. Gelegentlich nehmen die Tiere auch Hypericum oder Eukalyptus als Zusatzfutter an.

Die Gattung *Sipyloidea* Brunner v. Wattenwyl, 1893

Die artenreiche Gattung *Sipyloidea* ist in Australien und Asien beheimatet. In den heimischen Terrarien sind vor allem die nachfolgend vorgestellten drei Arten vertreten. Gemeinsam ist allen, dass beide Geschlechter voll geflügelt und für Phasmiden recht gute Flieger sind. Außerdem besitzen sie sehr lange Antennen, die über die Vorderbeine hervorragen.

Auch in ihren Ansprüchen gleichen sich die Arten, sodass hier eine allgemeine Haltungsbeschreibung gegeben werden kann, die für alle drei Arten gültig ist.

Haltungsbedingungen: Bei den zurzeit in Zuchtstämmen gehaltenen Vertretern dieser Gattung sind Zimmertemperatur und normale Raumhelligkeit ausreichend. Es besteht auch kein erhöhter Feuchtigkeitsbedarf, sodass lediglich alle 1–2 Tage im Terrarium gesprüht werden muss. Bei adulten Exemplaren kann man diese Maßnahme sogar auf 2–3 Mal pro Woche reduzieren. Die Tiere halten sich tagsüber an den Scheiben, der Decke oder an Rückwänden auf und suchen die Futterzweige meist erst in der Nacht auf.

Futterpflanzen: Als Futter werden die verschiedenen Rosengewächse wie Brombeere oder Rose und Eiche angenommen. Manche Tiere fressen auch Hasel und Erle als Zusatzfutter.

Sipyloidea larryi Brock & Hasenpusch, 2007

Hurrikan-Larry-Stabschrecke   PSG-Nummer: 163

Herkunft: Australien

Beschreibung: Bei *S. larryi* weisen beide Geschlechter eine einheitliche hellbraune Färbung auf. Schon bei Jungtieren entwickeln sich an den Gelenken und auf dem Körper deutlich abgesetzte schwarze Punkte. Nach der Adulthäutung können zusätzlich auch ver-

Sipyloidea larryi

Weibchen von *Sipyloidea larryi*
Foto: A. Esch

schwommene, unregelmäßige schwarze Flecken auf den Flügeln vorhanden sein. Die etwa 8 cm großen Weibchen unterscheiden sich von den 6 cm großen Männchen nur anhand ihrer Größe. Beide Geschlechter können fliegen und nutzen dieses Verhalten auch zur Flucht.

Die Vermehrung erfolgt rein sexuell durch braune Eier, die weggeschleudert werden. Nach etwa zwei Monaten schlüpfen die zunächst noch grün-bräunlichen Nymphen, die etwa drei Monaten später die Imaginalhäutung vollziehen.

Sipyloidea meneptolemus (WESTWOOD, 1859)

Grünbein-Stabschrecke   PSG-Nummer: 276

Herkunft: Malaysia

Beschreibung: Diese Art zeichnet sich durch einen starken Sexualdimorphismus und -dichromatismus aus. Weibchen erreichen eine Größe von ca. 8–9 cm und sind beige gefärbt. Im Gegensatz zu ihnen sind Männchen sehr filigran und erreichen nur etwa 6 cm Körperlänge. Sie sind kräftig grün und besitzen rote Flügeldecken.

Sipyloidea meneptolemus pflanzt sich ausschließlich sexuell fort. Aus den einfach fallen gelassenen Eiern schlüpfen nach etwa 2–3 Monaten die hellgrünen Nymphen. Nach weiteren drei Monaten sind die Tiere bereits adult. Beide Geschlechter leben dann noch recht lange und erreichen ein Alter von 6–9 Monaten. Bei dieser Art fliegen besonders die Männchen gerne und auch recht weit.

Pärchen von *Sipyloidea meneptolemus*   Foto: A. Esch

Sipyloidea sipylus (WESTWOOD, 1859)

Rosageflügelte Stabschrecke   PSG-Nummer: 4

Herkunft: Asien und Madagaskar

Beschreibung: *Sipyloidea sipylus* ist wohl die bekannteste und meistgehaltene Art ihrer Gattung. Die Populationen bestehen nur aus Weibchen, die auch nach mehreren Generationen noch sehr fruchtbar sind. Sie erreichen eine Größe von 8–10 cm und sind strohgelb bis beigebraun gefärbt. Die Flügelflächen sind rosa bis hellrot gefärbt, was der Art auch ihren deutschen Namen eingebracht hat.

Sipyloidea sipylus besitzt ein leicht nach Spargel riechendes Wehrsekret, das jedoch für den Menschen harmlos ist. Es wird sehr schnell abgegeben, ist lediglich durch sein Aroma wahrnehmbar und verflüchtigt sich sehr schnell.

Anders als bei den anderen Arten werden die Eier an Äste, die Rückwand oder direkt an die Seitenscheiben des Behälters geklebt. Dadurch verliert man leicht den Überblick über den in Kürze anstehenden Nachwuchs. Meist erlebt man dann nach 2–3 Monaten eine Überraschung, wenn auf einmal die kleinen, hellgrünen Nymphen überall herumlaufen. Nach 3–4 Monaten sind diese dann adult und legen wiederum Eier. Die erwachsenen Tiere können noch ein Alter von 6–12 Monaten erreichen.

Männchen dieser Art sind auch aus der Natur nicht bekannt. Es gibt jedoch Populationen einer bisher unbeschriebenen *Sipyloidea* sp., die der hier beschriebenen Art sehr ähnelt. In diesen Populationen existieren auch Männchen. Ob es sich um dieselbe Art handelt, muss noch geklärt werden.

Besondere Anforderungen: Man sollte den Tieren zwar die Möglichkeit geben, ihre Eier anzukleben, jedoch sollte man auf gestaltete Rückwände oder zu viele Dekorationsartikel verzichten, wenn man nicht massenweise Nachwuchs haben möchte. Auch in einem spartanisch eingerichteten Terrarium, in dem sich außer den Futterranken noch wenige zusätzliche Äste befinden, schlüpfen genügend Nymphen, um den Fortbestand der Population zu sichern. Die Weibchen kleben ihre Eier wirklich an beinahe jeden erdenklichen Ort.

Weibchen von *Sipyloidea sipylus*
Foto: A. Esch

Spinohirasea bengalensis (Brunner v. Wattenwyl, 1907)

Igelschrecke
PSG-Nummer: 272

Herkunft: Vietnam

Beschreibung: *Spinohirasea bengalensis* trägt in beiden Geschlechtern über den gesamten Körper verteilte Stacheln. Eine Unterscheidung ist lediglich anhand der Größe der Tiere möglich: Weibchen erreichen 6 cm, Männchen lediglich 4–5 cm.

Körperoberseite sowie Kopf und Beine sind in beiden Geschlechtern grün gefärbt, die Körperunterseite hingegen ist im Bereich des Thorax rot und am Abdomen beige. Seitlich am Rücken befindet sich auf jeder Seite ein Streifen, der wie die Unterseite rötlich gefärbt ist.

Zur Paarung steigt das Männchen auf den Rücken des Weibchens, wo es in der Regel danach auch verbleibt. Zwar kann es geschehen, dass das Männchen den Rücken des Weibchens kurzeitig verlässt, doch bald findet es sich dort wieder ein.

Spinohirasea bengalensis trägt über den Körper verteilte Stacheln
Foto: A. Esch

Paar von *Spinohirasea bengalensis* bei der Kopulation
Foto: A. Esch

Nach der Eiablage vergehen bis zum Schlupf der Nymphen 5–6 Monate. Während ihrer 4–5 Monate dauernden Entwicklungsphase zur Imago sind die Tiere noch unscheinbar braun. Erst nach der letzten Häutung entwickeln sie ihre grüne und rote Färbung.

Haltungsbedingungen: *Spinohirasea bengalensis* ist eine recht genügsame Art und gut bei Zimmertemperatur haltbar. Die Terrarieneinrichtung sollte täglich bis alle zwei Tage übersprüht werden.

Futterpflanzen: Als Futterpflanzen werden Brombeere, Liguster und *Hypericum* gut angenommen. Auch eine Aufzucht mit nur einer dieser Pflanzen ist möglich.

Eier von *Spinohirasea bengalensis*
Foto: K. Kunz

Sungaya inexpectata Zompro, 1996

Unerwartete Stabschrecke   PSG-Nummer: 195

Herkunft: Philippinen

Beschreibung: Als diese Art 1995 entdeckt wurde, fand man in der Natur nur Weibchen. Von einem davon wurden sechs Eier mit nach Deutschland gebracht. Sie bildeten den Grundstock der heute in den Terrarien verbreiteten Populationen, die bis vor Kurzem ebenfalls nur aus Weibchen bestanden. Dies schien jedoch keinen negativen Einfluss auf die Schlupfrate oder auf Größe und Vitalität der nachfolgenden Generationen zu haben. Erst 2008 wurden an einer tiefer gelegenen Stelle im natürlichen Verbreitungsgebiet Männchen gesammelt. Nachdem daraufhin auch männliche Exemplare eingeführt wurden, befinden sich inzwischen die ersten zweigeschlechtlichen Populationen in den Terrarien. Unterschieden werden die beiden Zuchtstämme durch die Namenszusätze „Highland" für die parthenogenetische, 1995 eingeführte Linie und „Lowland" für den zweigeschlechtlichen Stamm. Allerdings gibt es inzwischen wahrscheinlich häufig Vermischungen zwischen beiden.

Weibchen werden in beiden Populationen ca. 8 cm groß, während Männchen nur etwa 5–6 cm erreichen. Beide Geschlechter können entweder

Farbmorphe eines Weibchens von *Sungaya inexpectata* „Highland"
Foto: A. Esch

Sungaya inexpectata

Männchen von *Sungaya inexpectata* **„Lowland"**
Foto: A. Esch

hellgrau oder dunkel gefärbt sein. Die ersten Zuchttiere waren ansonsten recht zeichnungsarm und wiesen lediglich einige hellere Streifen auf. Inzwischen gibt es aber diverse Musterungen, die von weißlichen Flächen bis zu scharf abgegrenzten, weißen Strichen auf dem Köper reichen.

Die Eier werden mit dem Legestachel einzeln in die Erde gebohrt. Nach ca. vier Monaten schlüpfen die Nymphen, die sich innerhalb von 4–5 Monaten zum adulten Tier entwickeln und dann noch eine Lebenserwartung von neun Monaten haben.

Haltungsbedingungen: Bei dieser unkomplizierten Art ist ein ca. 5 cm hoher Bodengrund im Terrarium wichtig, damit die Weibchen ihre Eier ablegen können. Ansonsten reichen normale Raumtemperatur sowie ein Übersprühen der Terrarieneinrichtung alle 1–2 Tage.

Futterpflanzen: *Sungaya inexpectata* frisst im Terrarium u. a. verschiedene Rosengewächse, Eiche und Hasel.

Eier von *Sungaya inexpectata*
Foto: K. Kunz

Tirachoidea biceps (REDTENBACHER, 1908)

Riesenstabschrecke PSG-Nummer: 203

Herkunft: Java

Beschreibung: Diese Art ist vielfach noch unter ihrer alten Bezeichnung *Pharnacia biceps* bekannt und wird dementsprechend häufig auch noch so angeboten. HENNEMANN & CONLE (2008) überführten sie in ihrer Revision des Tribus Pharnaciini jedoch in die Gattung *Tirachoidea*, weshalb die gültige Bezeichnung nun *T. biceps* lautet. Leider finden solche Änderungen bei Hobbyhaltern oft nur wenig Beachtung, weshalb sich Neuerungen nur sehr langsam durchsetzen.

Unbeeinflusst von der systematischen Stellung handelt es sich hierbei um eine sehr eindrucksvolle Art. Weibchen können eine Körperlänge von 16–20 cm erreichen und dabei recht stämmige Beine aufweisen. Männchen sind etwa 14–16 cm groß und besitzen im Unterschied zu den flügellosen Weibchen gut ausgebildete Flügel. Beide Geschlechter sind braun gefärbt, gelegentlich mit einem grünen Schimmer oder einer braungrünen Fleckenzeichnung.

Die Vermehrung erfolgt ausschließlich sexuell, die Eier werden einfach weggeschleudert. Nach einer Entwicklungszeit von 4–7 Monaten schlüpfen die schon recht großen Nymphen. Sie benötigen 6–7 Monate, bis sie adult sind. Anschließend haben sie noch eine Lebenserwartung von 6–9 Monaten.

Haltungsbedingungen: *Tirachoidea biceps* benötigt aufgrund ihrer Größe und der langen Beine auch ein entsprechend geräumiges Terrarium. Eine Grundfläche von 50 × 50 cm und eine Höhe von 60 cm sollten keinesfalls unterschritten werden. Günstiger ist eine Höhe von 100 cm. Das Becken sollte auch gut durchlüftet sein, aber dennoch die Luftfeuchtigkeit gut halten. Das Befeuchten sollte primär über den Bodengrund alle 1–2 Tage erfolgen, die Tiere und Futterranken dagegen sollten nur selten besprüht werden. Adulte Exemplare können bei etwa 25 °C gehalten werden. Bei Nymphen ist es u. U. ratsam, Temperatur und Feuchtigkeit leicht zu erhöhen.

Beim Umgang mit den Tieren muss man vorsichtig sein, da sie sie dazu neigen, bei Störung oder Bedrohung schnell ein Bein abzuwerfen.

Futterpflanzen: Als Ersatzfutter werden Brombeere und andere Rosengewächse, aber auch Eiche, Buche sowie gelegentlich Esskastanie angenommen.

Mit bis zu 20 cm Körperlänge ein wahrer Riese: Tirachoidea biceps
Foto: A. Esch

Die Gattung *Trachyaretaon* Rehn & Rehn, 1939

Neben der am weitesten in den Hobbyzuchten verbreiteten Art *Trachyaretaon carmelae* etablieren sich zurzeit besonders drei weitere, momentan noch unbeschriebene Arten dieser Gattung in der Hobbyterraristik: *Trachyaretaon* sp. „Negros", *Trachyaretaon* sp. „Aurora" (PSG 317) und *Trachyaretaon* sp. „North Luzon".

Bei welchen Tieren es sich wirklich um neue Arten handelt, muss noch durch genauere Untersuchungen geklärt werden.

Die Haltungsanforderungen dieser Dornschreckenarten sind nahezu identisch, weshalb ich sie hier für alle Arten gemeinsam angebe, bevor ich zwei Spezies näher beschreibe.

Haltungsbedingungen: Diese eindrucksvollen und gelegentlich auch tagaktiven Arten sind in der Haltung relativ unkompliziert. Lediglich auf einen mindestens 5 cm hoch im Terrarium eingebrachten Bodengrund muss geachtet werden, damit die Weibchen hier ihre Eier legen können. Alternativ kann man auch eine ausreichend große und hohe Schale mit Substrat ins Terrarium stellen. Die Art des Bodengrundes ist dabei unwichtig, die Eier werden in Sand, Erde oder andere Substrate gelegt.

Weiterhin sollten Versteckmöglichkeiten angeboten werden, beispielsweise durch angelehnte Rindenstücke. Die Temperaturen sollten bei etwa 20–25 °C liegen, was in etwa Zimmertemperatur entspricht. Es ist auch keine extra Beleuchtung notwendig, da sich die Tiere bei zu viel Helligkeit eher in ihre Verstecke zurückziehen. Die Terrarieneinrichtung und besonders der Boden sollten alle 1–2 Tage übersprüht werden.

Futterpflanzen: Neben den verschiedenen „Standard-Rosengewächsen" werden auch Eiche, Buche und gelegentlich Hasel gerne angenommen. Efeu wird ebenfalls von einigen Tieren akzeptiert.

Trachyaretaon carmelae Lit & Eusebio, 2005

Große Dornschrecke **PSG-Nummer: 255**

Herkunft: Philippinen

Beschreibung: *Trachyaretaon carmelae* wurde erst 2005 entdeckt und beschrieben. Sie besitzt in der Terraristik aber schon jetzt eine weite Verbreitung. Meistens wird sie noch unter dem Synonym *T. brueckneri* gehandelt. Unter diesem Namen beschrieben Hennemann & Conle (2006) eine Art, bei der es sich aber um die bereits ein Jahr zuvor durch Lit & Eusebio (2005) veröffentlichte Spezies *T. carmelae* handelt.

Weibchen erreichen eine Größe von 12–13 cm und weisen eine dunkelbraune Färbung auf. Die ca. 8 cm messenden Männchen sind meist grünbraun gefärbt. Interessant ist das Farbspektrum während der Entwicklung. Die nach 3–4 Monaten Inkubationszeit schlüpfenden Nymphen sind braun und zeigen eine beige Rückenfläche besitzen. In den folgenden Stadien entwickeln sich jedoch unterschiedlichste Farbvarianten. Die Grundfärbung ist entweder ein helles Braun oder Grün. Über den gesamten Körper sind wie zufällig angeordnete, variable Flecken verteilt, die schwarz gefärbt sind oder auch verschiedene Grün- und Brauntöne

Eier von *Trachyaretaon carmelae*
Foto: K. Kunz

aufweisen. Die Intensität der Farben ist ebenfalls sehr unterschiedlich ausgeprägt. Die Tarntracht erinnert von Weitem an Flechten und schützt die auf Ästen und dem Boden lebenden Tiere hervorragend.

Mit der Imaginalhäutung, die diese Phasmiden nach ca. 7–8 Monaten durchlaufen, ändert sich diese variable Tarntracht in ein relativ einheitliches Aussehen. In der Terrarienhaltung existieren zwei verschiedene Morphen, die allerdings nur bei adulten Weibchen auszumachen sind. Männchen weisen bei beiden Varianten die gleiche Färbung auf, während die weiblichen Tiere als Imago ab dem 4. Abdominalsegment eine weiße Färbung zeigen. Diese kann sich entweder nur auf das 4. und 5. Segment beschränken oder sich in unterschiedlicher Stärke bis zum Abdomenende erstrecken. Die Exemplare dieser als „White Phase" bezeichneten Form zeichnen sich außerdem durch einen grünlichen Schimmer auf dem restlichen Körper aus. Beide Morphen können sich untereinander paaren, wobei in der Folgegeneration nur „White Phase"-Tiere entstehen.

Adulte Exemplare leben noch 6–9 Monate. Während dieser Zeit lässt sich das Männchen oft auf dem Rücken des Weibchens herumtragen und paart sich mit ihm. Die Fortpflanzung erfolgt rein sexuell, die Eier werden einzeln in den Boden gesteckt.

Pärchen von *Trachyaretaon carmelae* „White Phase"
Foto: A. Esch

Trachyaretaon sp. „Negros"

Negros-Stabschrecke

PSG-Nummer: noch nicht vergeben

Herkunft: Negros, Philippinen

Beschreibung: Mit *Trachyaretaon* sp. „Negros" ist seit kurzer Zeit eine kleinere Art dieser Gattung in der Hobbyterraristik angekommen. Männchen werden etwa 6 cm groß, Weibchen erreichen mit ca. 7,5 cm gerade mal die Hälfte der Länge von *T. carmelae*. Dieser Größenunterschied wird jedoch nebensächlich, wenn man sich die Art genauer anschaut: Beide Geschlechter verfügen als Nymphen über eine sehr attraktive Optik. Sie besitzen auf dem ganzen Körper viele kleine Dornen und wirken zusammen mit ihrer mosaikartigen Färbung aus verschiedenen Grün- und Brauntönen eher wie ein wandelndes Flechten- oder Moospolster. Während sich die Bedornung in jedem Stadium langsam zurückbildet, bleibt die Mosaikfärbung bei den Weibchen bis ins adulte Stadium erhalten und wird durch eine dreieckige, helle Zeichnung auf dem 4. Abdominalsegment ergänzt.

Das Männchen ähnelt als Imago in seiner Färbung den Männchen von *T. carmelae*, ist auf dem Körper jedoch deutlicher gezeichnet.

Paar von *Trachyaretaon* sp. „Negros" während der Kopulation. Gut sichtbar ist die weiße Spermatophore.
Foto: A. Esch

Dank

Zunächst möchte ich dem Natur und Tier - Verlag für die Möglichkeit danken, dieses Buch veröffentlichen zu können. Im Besonderen danke ich Verleger Matthias Schmidt sowie Kriton Kunz, die mich während der Entstehung beraten haben.

Ein spezieller Dank gebührt natürlich meiner Frau Sarah, die es mir ermöglicht, dieses zum Teil sehr zeit- und vor allem platzintensive Hobby zu betreiben. Ein weiteres großes Dankeschön geht an meine Freunde, die ebenfalls der Terraristik verfallen sind und mir so mit Rat und Tat zur Seite standen. Außerdem möchte ich mich bei meiner Familie sowie allen Freunden und Bekannten bedanken, die mich in der Zeit des Schreibens durch Ermutigungen und tatkräftige Hilfe unterstützt haben.

Weitere Informationen

Zur Vertiefung der in diesem Buch gegebenen Informationen und zum umfassenderen Einblick in terraristische und entomologische Themenbereiche empfehlen sich die Mitgliedschaft in einem Verein gleich gesinnter Terrarianer sowie ein intensives Literaturstudium.

Die folgenden Auflistungen sollen dabei behilflich sein, einen Einstieg in die Thematik zu finden. Diese Liste erhebt jedoch keinen Anspruch auf Vollständigkeit, sondern soll nur einen Ausschnitt aufzeigen.

Sollten Sie Fragen zu diesem Buch, anderen Phasmidenarten oder sonstige Anliegen haben, können Sie mich gerne auf meiner Website www.phasmiden.net besuchen oder mir direkt über info@phasmiden.net eine Nachricht zukommen lassen.

Vereine und Interessengruppen

ZAG (Zentrale Arbeitsgemeinschaft) Wirbellose e. V.
Mitgliederzeitschrift Phönix & Arthropoda Scientia
c/o Ingo Fritzsche, Unter der Linde 8, 38855 Silstedt
www.zag-wirbellose.com

Phasma
Niederländisch-Belgische Vereinigung von Phasmidenzüchtern
Phasma-werkgroep
Nieuwpoortkeiweg 39, 8630 Veurne, België
www.phasma.eu

PSG (Phasmid Study Group)
Paul Brock, Papillion, 40 Thorndike Road, Slugh, Berks, SL2 1SR Großbritannien
www.phasmid-study-group.org

Zeitschriften

REPTILIA, TERRARIA
Terraristik-Fachmagazine, erscheinen je sechs Mal jährlich mit Internetportal für Kleinanzeigen
Natur und Tier - Verlag GmbH
An der Kleimannbrücke 39/41, 48157 Münster, Tel.: 0251-133390
E-Mail: verlag@ms-verlag.de
www.reptilia.de

DRACO
Terraristik-Themenheft
erscheint vier Mal jährlich
Natur und Tier - Verlag, s. o.

Verwendete und weiterführende Literatur

ABERCROMBIE, I. (1995): Beobachtungen bei der Eiablage bei *Epidares nolimetnagere* (DE HAAN) und *Dares ulula* (WESTWOOD). - Arthropoda 3: 34-35.

ALDERTON, D. (2002): How tor care for your Stick Insect. - Kingdom Books, England.

ARMENT, C. (2006): Stick Insects of the Continental United States and Canada - Species and early Studies. - Coachwhip Publications, Landsville.

BÄTHE, R., A. BÄTHE & M. FUSS (2009): Phasmiden. - Schüling Verlag, Münster.

BRADLER, S. & C. SEILER (2002): Phasmiden (Gespenstschrecken, Stabschrecken und Wandelnde Blätter). - DRACO 9: 27-32.

— & C. SEILER (2012): Phasmiden: Lebensweise - Pflege - Zucht. - Ulmer Verlag, Stuttgart.

BROCK, P.D. (1999): The amazing world of stick and leaf-insects. - The Amateur *Entomologist societa*, Oppington, Kent, Vol. 26.

- (2000): A complete guide to breeding stick and leaf insects. - Kingdom Books.

BRUNNER VON WATTENWYL, K. & J. REDTENBACHER (1906-08): Die Insektenfamilie der Phasmiden. Teil 1-3. - W. Engelmann, Leipzig.

BÜHLER, M. (1999): *Aretaon asperrimus* (REDTENBACHER,1906) Die kleine Dornschrecke. - Arthropoda 7(4): 5-6.

- (2000): *Phyllium giganteum* HAUSLEITHNER, 1984. - Arthropoda 8(2): 2-3.

CARLBERG, U. (1987): Chemical Defence in Phasmida vs. Mantodea. - Zool. Anz. 218: 364-373.

D'HULSTER, K. (2000): Übersicht über die Inkubationszeiten der Eier und die Entwicklung der Larven bis zum ausgewachsenen Insekt bei ausgewählten Phasmiden. - Arthropoda 8(2): 4-5.

DRÄGER, H. (2011): Die Gespenstschrecken der Familie Heteropterygidae KIRBY, 1986 (Phasmatodea) - ein Überblick über bisher gehaltene Arten. Teil 1: Die Unterfamilie Heteropteryginae KIRBY, 1986. - ZAG-Phoenix 02: 38-61.

EILMUS, S. (2008): Bemerkungen zur Regeneration bei Phasmiden. - Arthropoda 16(1): 83.

- (2009a): *Hypocyrtus vittatus* - Biologie, Haltung und Zucht. - Arthropoda 17(1): 30-33.

- (2009b): Wirts- und Ersatzfutterpflanzen für Phasmiden. - Arthropoda 17(1): 34-41.

FRITZSCHE, I. (2007): Stabschrecken - *Carausius, Sipyloidea* & Co. - Natur und Tier - Verlag, Münster, 64 S.

- & ZOMPRO, O. (2007): Teppichstabschrecke *Neohirasea maerens*. - Arthropoda 15(1): 34-36.

GAST, F. (2000): Futtertier und Terrarienschmuck zugleich: die indische Stabheuschrecke (*Carausius morosus*). - REPTILIA Nr. 24: 30-33.

Verwendete und weiterführende Literatur

Grösser, D. (2008): Wandelnde Blätter – ein Katalog aller bisher beschriebenen Phylliinae-Arten. – Edition Chimaira, Frankfurt am Main.

Hennemann, F.H. (1995): Unterschiede zwischen zwei Vertretern der Gattung *Eurycnema* (Serville) und *Eurycnema goliath* (Gray). – Arthropoda 3.95: 39–45.

– & O.V. Conle (2008): Revision of Oriental Phasmatodea: The tribe Pharnacinii Günther, 1953, including the description of the world's longest insect, and a survey of the family Phasmatidae Gray, 1835 with keys to the subfamilies and tribes (Phasmatodea: "Anareolatae": Phasmatidae). – Zootaxa 1906: 316 S.

– & O.V. Conle, M. Gottardo & J. Bresseel (2009): On certain species of the genus *Phyllium* Illiger, 1798, with proposals for an intra-generic systematization and the descriptions of five new species from the Philippines and Palawan (Phasmatodea: Phylliidae: Phylliinae: Phylliini) – Zootaxa 2322: 1–83.

Katnik, B. & I. Fritzsche (1997): Darstellung deformierter Eier der Spezies *Extatosoma tiaratum* (Mac Leay). – Arthropoda 5 (2): 14–15.

Kneubühler, B. (2011): *Phyllium jacobsoni* Rehn & Rehn, 1934 – ein seltenes Wandelndes Blatt in unseren Zuchten. – ZAG-Phoenix 02: 2–5.

Köhn, J. (2008): Eine Mißbildung bei der Gespenstschrecke *Extatosoma tiaratum*. – Arthropoda 16(1): 82.

Lipinski, K., H. Greven, D. Schulten & S. Löser (1999): Die Struktur den Eihüllen von 48 Phasmatodea-Arten aus der Sammlung des Löbbecke Museum und Aquazoo Düsseldorf. – Entomologische Mitteilungen aus dem Löbbecke-Museum und Aquazoo 5: 1–125.

Lit, I.L. Jr. & O.L. Eusebio (2008): First description of the male of *Sungaya inexpectata* Zompro, 1996. – Arthropoda 16(2): 38–40.

Löser, S. & D. Schulten (1981): Fortpflanzung und Verhalten der malaysischen Riesengespenstschrecke *Heteropteryx dilatata*. – Zeitschrift des Kölner Zoo 24(1): 23–27.

McNicholas, J. (2002): Keeping unusual Pets: Stick Insects & Mantids. – Heinemann Library, Oxford.

Meissner, O. (1916): Ein beinloses Exemplar von *Dixippus morosus* Br. – Entomologische Zeitschrift 30 (10): 38–39.

– (1919): Weshalb entwickeln sich bei der Zucht von *Carausius morosus* Br. nur Weibchen. – Entomologische Rundschau 33(5): 25–26.

– (1910): Kleinere Bemerkungen über die Zucht von *Dixippus morosus* Br. – societas entomologica XXV: 55.

Noebel, S. & D. Rödder (2007): *Phyllium giganteum* Hausleithner, 1984 – Haltung und Zucht. – Arthropoda 15(1): 22–27.

Romeu Vallès, S. (2000): Stab- und Gespenstheuschrecken. – REPTILIA Nr.24: 18–23.

Schorn, S. (2009): Die Australische Riesengespenstschrecke – *Extatosoma tiaratum*. – Natur und Tier - Verlag, Münster, 64 S.

Schulten, D. (1995): Wandelnde Blätter, Stab- und Gespenstschrecken. – Entomologische Mitteilungen aus dem Löbbecke-Museum und Aquazoo 3: 1–132.

Seiler, C., S. Bradler & R. Koch (2000): Phasmiden. Pflege und Zucht von Gespenstschrecken, Stabschrecken und Wandelnden Blättern im Terrarium. – Bede-Verlag, Ruhmannsfelden.

– & S. Bradler (2007): Phasmiden zu Hause. – Bede-Verlag, Ruhmannsfelden.

– & S. Bradler (2002): Phasmiden als Haustiere. – DRACO 9: 33–37.

– & S. Bradler (2002): Die australische Pfefferminz-Stabschrecke *Megacrania batesii* – kein einfacher Pflegling. – DRACO 9: 38–40.

Stabschreckenforum.com (2010): Haltungsberichte: Stabschrecken - Gespenstschrecken - Wandelnde-Blätter - Von Haltern…für Halter. – ISBN:978-3-00-0319136.

Ziegler, U. (1993): Schaben, Phasmiden, Mantiden (Haltung und Zucht, Terrarienbau), 3. Teil: Haltung und Zucht von Phasmiden sowie Bau von Terrarien. – Arthropoda 2: 7–10.

– (1995): Ein gynandromorphes Exememplar von *Phyllium bioculatum* (Gray). – Arthropoda 3: 32–33.

Zompro, O. (1995): Terrarien für Stabschrecken. – Arthropoda 3: 36–37.

– (1997): Fang und Transport von Gespenstschrecken. – Arthropoda 5(2): 15–16.

– (2000): Gespenstschrecken der Familie Heteropterygidae im Terrarium. – REPTILIA Nr. 24: 24–29.

– (2008): Das System der geflügelten Insekten (*Pterygota*). – Arthropoda 16(1): 24–25.

– (2008): Die längste Stabschrecke - das längste lebende Insekt. – Arthropoda 16(4): 6–7.

– (2009): Bemerkenswertes über Phasmiden. – Arthropoda 17(1): 8–9.

– (2009): Phasmidensystematik im Überblick I. - Arthropoda 17(1): 10–18.

– (2009): Präparation von Phasmiden. – Arthropoda 17(1): 92–93.

Verzeichnis deutscher und wissenschaftlicher Namen

* hinter der Seitenzahl verweisen auf ein ausführliches Artporträt, fette Ziffern verweisen auf Abbildungen

*A*canthomenexenus polyacanthus 16, 45*, **46**
Achrioptera fallax **47f***
Anisomorpha 9, 15, 22, 25
- *buprestoides* „ocala" 50
- *monstrosa* 49
- *paromalus* 25, **49f***, 50
Annam-Stabschrecke 7, 18, **19**, **81f***
Aretaon asperrimus 40, 42, 43, **51***
Asceles
- *glaber* 52
- sp. „Ban Salok" **19**, **52***
Australische Gespenstschrecke 6, **64f***, **65**
Australische Riesenstabschrecke **63f***

*B*acillus rossius 5, 27, **53***
Baculum extradentatum 7, 81
Borneo-Dornschrecke **58f***, **59**
Brasidas samarensis **54***
Breitschenkel-Stabschrecke **99***
Bunte Dornschrecke **78f***, **79**, **80**

*C*arausius morosus 5, 17, **18**, 28, **55***
Clonaria
- *conformans* 13, **56***
- *fritzschei* 56
Clonopsis gallica 27

*D*ares ssp. 59
Diapherodes gigantea 13, **16**, **57f***
Dorngespenstschrecke **60ff***
Dschungelnymphe **72f***

*E*pidares nolimetangere **58f***, **59**
Eurycantha 25, 40
- *calcarata* 13, **60ff***, **61**, **62**
- *insularis* 61
Eurycnema goliath 35, 41, **63f***
Extatosoma tiaratum 6, 14, **16**, **18**, **19**, 22, 25, 28, 36, 40, 43, **64f***, **65**

Farnschrecke 35, **89ff***, **90**, **91**

*G*ratidia conformans 56
Große Dornschrecke **119f***, **120**
Großes Wandelndes Blatt **104***
Grünbein-Stabschrecke **112***
Grüne Stabschrecke **91f***, **92**
Grüne Vietnamstabschrecke **108***
Guadeloupe-Stabschrecke **76***

*H*aaniella 18, 66ff
- *dehaanii* 66, **67**
- *echinata* 66
- *erringtoniae* 66, **67**, **68**
- *grayii* 66
- *saussurei* 66
- *scabra* 66
Hemiplasta falcata **69ff***, **70**
Heteropteryx dilatata 5, **17**, **19**, **72f***
Hoploclonia
- *gecko* **73f***
Hurrikan-Larry-Stabschrecke **110f***, **111**
Hypocyrtus vittatus 11, **13**, **74f***, **75**

*I*gelschrecke **114ff***, **115**
Indische Stabschrecke 5, **55***

*J*avanisches Wandelndes Blatt **102f***

*K*leine Dornschrecke **51***
Knick-Stabschrecke **78***

*L*amponius guerini 8, **76***
Lobolibethra sp. „Lima" **77***
Lonchoides 78
Lonchodiodes
- *samarensis* **78***
- ssp. 78

125

Mearnsiana bullosa 4, 78ff*, 79, 80
Medauroidea extradentata 7, 18, 19, 81*
Mittelmeer-Stabschrecke 5, 53*
Moos-Schrecke 98*
Myronides sp. „Peleng", Sulawesi 82f*, 83

Necroscia annulipes 42, 83ff*, 84
Negros-Stabschrecke 121*
Neohirasea maerens 24, 25, 85f*, 86
Neophasma subapterum 87f*, 88

Oreophoetes peruana 35, 89ff*, 90, 91

Panzerschrecke 60ff*, 61, 62
Paramenexenus laetus 91f*, 92
Parapachymorpha zomproi 18, 44, 93*
Periphetes forcipatus 94f*, 95
Peruphasma schultei 9, 10, 12, 25, 28, 35, 95f*, 96
Peruanische Farn-Stabschrecke 89ff*, 90, 91
Peru-Stabschrecke 95f*, 96
Phaenopharos
- *herwaardeni* 97
- *khaoyaiensis* 97*
- *struthioneus* 97
Pharnacia biceps 118
Phenacephorus 98*
- *cornucervi* 22, 98*
- *latifemur* 99*
Philippinisches Wandelndes Blatt 105f*, 106
Phyllium 6, 8, 9, 12, 18, 26, 35, 40, 43, 100f*, 101
- *bioculatum* 11, 102f*, 104
- *celebicum* 103, 105
- *giganteum* 43, 104*
- *philippinicum* 7, 14, 15, 24, 25, 105f*, 106
- *siccifolium* 6, 7, 105
- sp. „Philippinen" 6, 105
- *westwoodii* 18, 103*
Pseudophasma
- *acanthonotum* 107*
- ssp. 107
Pylaemenes 57

Ramulus artemis 8, 19, 28, 108*
Rhaphiderus
- *scabrosus* 109
- *spiniger* 109f*
Rhododendron-Schrecke 109f*
Riesengespenstschrecke 72f*
Riesenstabschrecke 118*
Rosageflügelte Stabschrecke 112f*, 113
Rotgeflügelte Stabschrecke 97*
Rühr-mich-nicht-an 58f*, 59

Samar-Gespenstschrecke 54*
Samtschrecke, Rotgeflügelte 95f*, 96
Schwarze Pfefferschrecke 95f*, 96
Sipyloidea 110*
- *larryi* 110f*, 111
- *meneptolemus* 11, 112*
- *sipylus* 12, 18, 24, 25, 112f*, 113
Spinohirasea bengalensis 114f*, 115
Sungaya inexpectata 18, 116f*, 117

Teppichschrecke 85f*, 86
Tirachoidea biceps 118*
Tisamenus serratorius 74
Trachyaretaon 78, 119*
- *brueckneri* 119
- *carmelae* 9, 15, 23, 40, 43, 119f*, 120
- sp. „Aurora" 119
- sp. „Negros", Philippines 119, 121*
- sp. „North Luzon" 119
Türkisblaue Stabschrecke 47f*, 48
Türkise Stabschrecke 82f*, 83

Unerwartete Stabschrecke 116f*, 117

Venezuela-Stabschrecke 107*
Vieldornschrecke 45f*, 46

Wandelnde Bohne 57f*
Wandelndes Blatt 100f*, 101
Westwoods Wandelndes Blatt 103*

Zompros Stabschrecke 93*
Zweistreifen-Stabschrecke 49f*, 50

NTV Bücher für Ihr Hobby – Art für Art

Mit „Art für Art" stellen wir Ihnen die beliebtesten Terrarienbewohner vor! Alle wichtigen Fragen von der erforderlichen Beckengröße über die Terrarieneinrichtung, die technische Ausstattung, die artgerechte Ernährung bis zur Vorbeugung von Krankheiten werden mit zahlreichen Tricks und Kniffen beantwortet. Erfahrene, langjährige Züchter verraten, wie Sie die Tiere zur Fortpflanzung bewegen und die Jungtiere gesund aufziehen können.

Das alles durchgängig farbig, großzügig bebildert und attraktiv gestaltet nur über Ihr Terrarientier – Art für Art eben!
64 Seiten, Format 14,8 × 21 cm, zahlreiche Farbfotos

je Band 11,80 €

Natur und Tier - Verlag GmbH
An der Kleimannbrücke 39/41 · 48157 Münster
Telefon: 0251 - 13339-0 · Fax: 0251 - 1339-33
E-Mail: verlag@ms-verlag.de

www.ms-verlag.de

Bücher für Ihr Hobby

Skorpione
Lebensraum, Haltung, Zucht

Dieter Mahsberg, Rüdiger Lippe & Stephan Kallas

144 Seiten, viele Fotos, Format: 16,8 × 21,8 cm
ISBN: 978-3-86659-165-3, € 24,80

Skorpione faszinieren durch ihr urtümliches, bizarres Erscheinungsbild ebenso wie durch überaus spannende Verhaltensweisen. Diese komplett überarbeitete, neu gestaltete und um zehn Artporträts erweiterte Auflage des Klassikers schlechthin zum Thema Skorpione schildert ausführlich die Biologie der Tiere und bietet alle Informationen, die Terrarianer zu ihrer sicheren, artgerechten sowie erfolgreichen Pflege und Nachzucht benötigen. Darüber hinaus liefert die Vielzahl der Artsteckbriefe konkrete Haltungshinweise zu den vorgestellten Skorpionen.

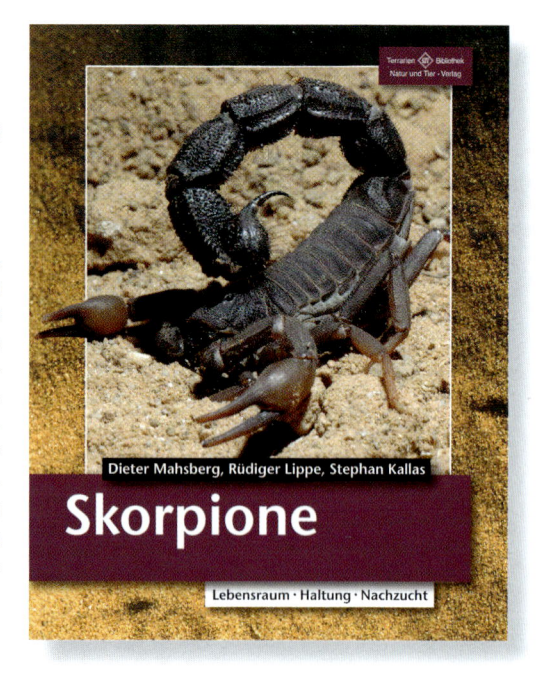

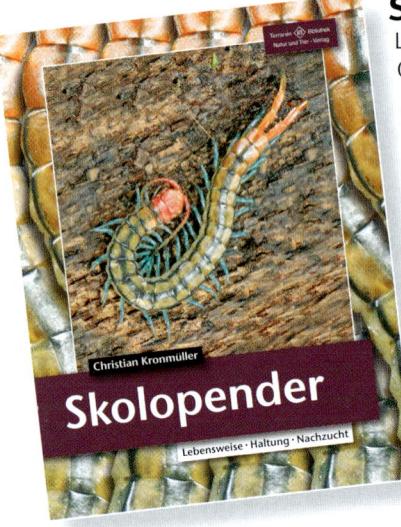

Skolopender
Lebensraum, Haltung, Nachzucht
Christian Kronmüller

96 Seiten, zahlreiche Abbildungen, Format: 16,8 × 21,8 cm
ISBN: 978-3-86659-219-3, € 24,80

Zur Haltung von Skolopendern im Terrarium gab es bislang kaum Informationen. Hundertfüßer-Spezialist Christian Kronmüller schließt diese Lücke nun mit einem prachtvoll bebilderten Ratgeber, der Biologie, Pflege und Vermehrung dieser gepanzerten Räuber in einmaliger Ausführlichkeit behandelt.

Porträts aller terraristisch relevanten Arten lassen dieses Buch endgültig zu einem Standardwerk der Wirbellosen-Terraristik avancieren.

Natur und Tier - Verlag GmbH
An der Kleimannbrücke 39/41 · 48157 Münster
Telefon: 0251 - 13339-0 · Fax: 0251 - 1339-33
E-Mail: verlag@ms-verlag.de

www.ms-verlag.de